시선
과잉
사회

관계의 단절과 진실을 왜곡하는
초연결 시대의 역설

시선 과잉 사회

정인규 지음

시크릿하우스

프롤로그

초등학교 3학년, 내 친구 병민이는 한순간에 반 전체의 놀림감이 돼버렸다. 짝꿍 은정이에게 지우개를 빌려줄 때 너무 다정하게 굴었다는 이유였다.

"쟤 좀 봐, 얼굴 완전 빨개졌어!"

"왜 자꾸 은정이를 빤히 쳐다보니?"

"너 은정이 좋아하는구나?"

사실 내가 보기에 병민이는 얼굴이 빨개지지도 짝꿍을 딱히 쳐다보는 것 같지도 않았다. 게다가 병민이와 친했던 나는 병민이가 좋아하는 애는 따로 있다는 것도 알고 있었다. 하지만 병민이와 그런 관계가 아니었던 반 친구들은 너나할 것 없이 병민이와 은정이의 책상에 우르르 몰려가 서로 맞장구를 치며 둘을 놀리기에 바빴다. 정신 차려보니 병민이가 은정이를 좋아한다는 건 이미 기정사실화돼서 옆반까지 소문이 퍼지고 있었다. 자기들이 보고싶은 대로만 바라보는, 아니 심지어 있지도 않은 모습을 봤다고 우겨대는 막무가내식 몰아가기에 되려 나까지 억울했던 기억이 난다.

관계와 진실. 얼핏 보기에 서로 다른 범주에 존재할 것만 같은 이 두 개념은 사실 밀접하게 연관되어 있다. 진실을 안다는 것은 단순히 정확한 정보를 가지고 있음을 의미하는 것만은 아니다. 내가 근의 공식을 아는 것, 도둑질이 옳지 않음을 아는 것, 병민이의 성격을 아는 것은 각각 다른 종류의 앎이다. 내가 소문을 통해 병민이에 대해 접하게 되는 진실과 병민이와 얼굴을 마주하고 그로부터 직접 듣는 진실 또한 다르다. 어떤 진실에는 이해의 책임이 따르는 법이다. 그리고 이해는 관계의 거름이 밑바탕에 있을 때 가능해진다. 진실에서 관계의 노력을 억지로 떼어놓을 때 진실은 무책임한 정보의 채굴에 지나지 않게 된다.

당시에는 몰랐겠지만, 초등학교 3학년의 나는 시선이 진실을 구성하는 장면을 목격했던 셈이다. 관계와 진실, 이 둘을 관통하는 키워드는 시선이었다. 귀가 빨개졌다는 둥 손이 떨린다는 둥 놀리던 아이들의 몰아가기도 시선, 놀이터에서 병민이와 내가 마주 앉아 열 살짜리 나름의 진솔한 대화를 나누며 서로의 눈을 바라봤던 것도 시선이다. 하나는 단정하고 정리하는 시선이라면 다른 하나는 이해하고 공유하려는 시선이다.

이밖에도 시선은 여러 가지 역할을 한다. 무언가 또는 누군가를 볼 때 우리는 인식하고 해석하고 성찰하고 인정한다. 시선으로써 관심을 표현하고 동질감을 확인하기도 하는가 하면, 위협과 부담을 주기도 한다. 특히 현대사회에 이르러 시선의 변화는 무궁무진해졌다. TV 화면 속의 정치인을 보는 시선, 친구의 인스타그램을 훑는 시선, 유튜브의 댓글창을 읽는 시선 모두 전에 없던 시선들이다. 기술의 발전으로 정보·관계망이 확산되고 생활의 면적이 비대하게 넓어짐에 따라 현대인의 시선에는 정리하고 파악하는 시선의 비중이 급격히 커졌을 것이 분명하다.

문득 궁금해졌다. 사람들이 당연하게 여기고 때로는 환영하는 이 새로운 시선들 사이에서 우리가 뭔가 잃어버린 것은 없을까? 우리가 모르는 사이에 '보다'의 의미는 걷잡을 수 없이 돌변해버린 것이 아닐까? 실제로, 초등학교 3학년 교실의 유치한 에피소드로 끝났던 시선의 횡포가 이제는 우리 사회의 문화에 점점 깊숙이 뿌리내리고 있는 듯하다. 일례로 도널드 트럼프 미국 전 대통령은 2017년 자신의 취임식 행사에 150만 명의 지지자들이 참석했다고 주장한 바 있다. 말도 많고 탈도 많았던 선거 이후 대통령 당선의 정당성을 각인시키고 본인의 지지 세력을 과시하려는 의도였을 것이다. 그러나 취임식 행사의 항공사진과 당일 주변 지하철 이용 횟수 등의 통계로 분석한 결과 실제 참석자 수는 높게 잡아도 60만 명 정도에 불과했다. 흥미로운 점은 트럼프 지지자들 가운데 상당수가 이렇게 적나라하게 팩트와 상반되는 거짓말을 서슴없이 믿었다는 것이다. 심지어 각종 언론 매체에서 트럼프의 주장을 거짓으로 판명한 이후에도 진실을 직시하기를 거부했다. 그들의 시선은 팩트를 무시하고 오히려 그들만의 대안적 사실을 만들어냈다. 병민이의 반 친구들과 마찬가지로 보고 싶은 대로 봤던 것이다.

이밖에도 점점 많은 사람들이 요즘 들어 사회문화적 갈등의 성격이 예전과 달라졌음을 어렴풋이 감지하고 있을 것이다. 커뮤니케이션의 기술이 진화했음에도 불구하고 소통은 어렵고, 다양한 배경과 이념을 관용하는 풍토가 도리어 확증편향적 사고방식을 부추기는 듯한 것은 결코 기분 탓이 아니다. 네트워킹과 관용을 주창하면서도 관계의 단절, 진실의 조종을 야기하는 게 바로 포스트모던 사회의 역설이다. 그리고 그 역설의 핵심에 역시 시선이 있다.

포스트모던 사회는 데이터 중심·노출 중심 사회이기도 하다. 그 사회에서 시선은 단순히 거시적 문화 현상을 논하기 위한 은유일 뿐 아니라 일상에서 관계의 본질을 형성하는 DNA 역할을 한다. 그렇기 때문에 나 한 사람의 시선에 대한 성찰은 곧 사회 전체에 대한 성찰로 이어질 수 있다. 이 책을 집어 든 모든 독자에게 이렇게 묻고 싶다. **“당신의 시선은 어디에 있습니까?”**

미국 아카데미 시상식에서 작품상을 수상하는 등 전 세계의 이목을 끌었던 봉준호 감독의 영화 〈기생충〉은 시선의 이중성을 잘 보여준다. 영화의 말미에 리포터가 기택(송강호 분)의 범죄를 보도하는 뉴스 장면이 나오는데, 이는 미디어를 거쳐 세상에 대한 다량의 정보를 입수하는 일반 대중의 시선을 대변한다고 볼 수 있다. 데이터의 홍수 속에서 시청자는 주어진 정보를 소화하기 쉽게 요약하고 간단하게 결정 짓는 시선에 의존하게 된다. 그렇게 뉴스를 보는 일반인의 눈에 기택은 단순한 살인자, 도주자로 낙인 찍히고 박제당한다. 한편, 영화 내내 기택의 미묘한 심리를 엿볼 수 있었던 관객의 시선은 조금 다르다. 관객은 영화의 클라이막스에 해당하는 마지막 현장의 외적 정황 외에도 기택의 콤플렉스와 은밀한 열망이 드러났던 순간순간을 목격했기 때문에, 기택의 결정을 단순한 범죄 행위로만 볼 수 없게 된다. 관객은 이해하고 교류하려는 시선으로 기택을 바라봤던 셈이다. 이해가 꼭 용서와 긍정성을 내포하지는 않는다. 오히려 부정성, 즉 이해하려는 대상과 나 자신 사이의 다름이 곧 이해의 조건이다. 봉준호 감독은 〈기생충〉에서 사연 있는 범죄를 옹호하거나 그 선악을 따지려는 의도는 결코 아니었을 것이다. 다만 뉴스 화면으로 접하는 기택의 정보와 영화의 서사를 통해 바라본 기택의 진심, 그 둘의 괴리는 관객으로 하여금 '누군가를 본다는 것'의 의미를 성찰하게끔 하기에 충분하다.

엄밀히 말하면 영화 스크린을 바라보는 관객의 시선은 영화 속 인물과 진정한 관계의 토대를 형성할 수 없다. 일방적인 시선이기 때문이다. 인간관계의 본질은 서로 맞이함에 있다. 사람과 사람은 손을 맞잡고 입술을 맞추고 얼굴을 맞대며 유대, 애정, 신뢰를 쌓는다. 또 주먹과 욕설이 맞부딪힐 때 관계로서의 갈등이 생기기도 한다. 눈과 눈 역시 서로 마주할 수 있다. 따지고 보면 모든 관계는 눈과 눈이 마주하며 시작되지 않나 싶다.

다소 모호할 수도 있는 '시선'이라는 주제에 대한 복잡미묘한 이야기를 어떻게 풀어나갈까 고민하던 도중, 영화 〈사운드 오브 뮤직〉에서 아이들에게 노래를 가르치던 마리아의 충고가 떠올랐다. "우선 맨 처음부터 출발해보자. 무언가를 시작하기에 아주 좋은 곳이니까." 오늘날 사회에 만연해진 시선, 나를 길들여버린 시선과 우리가 잃어버린 시선… 이 모든 것의 출발점은 역시 아이콘택트이다.

차례

1장

아이콘택트

아이콘택트는
우리의 시작을 알린다.

눈을 마주친 이상 나는 너를
사물로 대할 수 없으며,
너에게 그런 대우를
받아서도 안 된다.

익숙하고도 낯선 만남

우리의 태초에 아이콘택트eye contact가 있었다. 아이콘택트는 사회의 형태소이자 개념적 근원이다. 눈과 눈이 만남으로써 인간관계의 광대한 태피스트리를 수놓는 세 가지 시선視線, 또는 **보기**가 탄생했다.

첫째는 **알아보기**다. 아이콘택트 이전의 눈은 세상의 시야를 독점한다. 하나의 눈 이외에 관찰의 주체는 없으며, 모든 것은 그 눈에게 보여지기 위해 존재한다. 보기와 보여지기의 이분법은 보는 이와 세상의 경계를 따라 선을 긋는다. 눈은 세상의 유일한 경첩 역할을 한다. 따라서 아이콘택트 이전에는 유아론의 의문 자체가 성립될 수 없다. 객체로만 채워진 시야는 획일적이다. 그러나 시야에 또 다른 눈이 처음으로 등장하는 순간 되돌릴 수 없는 균열이 생긴다. 객체만이 존재하던 세상에 제2의 주체가 나타난 것이다. 제2의 주체는 깊이로서 자신을 밝힌다. 눈에는 시야의 사물을 담기 위한 깊이가 존재한다. 외관으로 드러나는 눈의 깊이는 눈의 담는 기능을 나타낸다. 아리스토텔레스가 《데 아니마》에서 눈이 태양을 보는 과정을 묘사할 때 눈이 태양 그 자체가 된다고 말한 것 역시 세상을 담는 그릇으로서의 눈을 이야기한 것이다.[1] 깊이야말로 눈의 정체성이다. 아이콘택트의 순간, 깊이에 타자를 담을 줄만 알았던 눈이 자신을 담을 수 있는 깊이를 접하게 된다. 눈은 그 깊이를 통해 제2의 눈을 **알아본다.** 제2의 눈 또한 독자적인 시야를 가지고 사물을 담을 능력이 있음을 인지한다. 이로써 '너'의 개념을 배운다.

둘째는 **돌아보기**다. 아이콘택트의 순간, 나는 상대방 또한 나를 보고 있음을 의식할 수밖에 없다. 보기와 보여지기는 불가분의 관계로 속박된다. 너를 보는 행위는 내가 보여지는 상태에 처하게 한다. 처음으로 나는 보는 주체가 아닌 보여지는 객체로서의 존재를 경험한다. 눈은 아이콘택트에 앞서 이미 수많은 보기를 통해 시각적 분별력을 기른 상태다. 인간이 입수하는 감각 정보의 70퍼센트를 담당하는 보기는 원초적 생태의 인간에게 생존을 위한 가장 중요한 행위였다. 보기로써 식용 여부를 판단하고 맹수를 식별했으며 보온보습에 최적화된 거주지를 물색했다. 인간은 그냥 보는 법이 없다. 언제나 보는 것을 해석하고 정의한다. 즉 **무언가로서 보는 것**이다. 보기는 곧 '~으로서 보기'인 만큼, 보기 자체에는 생득적으로 최소한의 분별력이 전제되어 있다. 생존을 위해 필요한 다양한 축의 분별력은 눈이라는 하드웨어와 뗄래야 뗄 수 없는 소프트웨어로 내장된다. 따라서 너의 눈을 알아보는 순간, 나는 너에게 분별의 대상이 되었음을 인지한다. 시야의 사물들에 적용하기만 했던 나의 소프트웨어는 최초로 나 자신에게 적용된다. 스스로를 돌아보며 '무엇으로서 보일지'에 대한 궁금증이 발현된다. 아이콘택트는 역지사지를 촉발하고, 역지사지는 자아의 밑그림을 스케치한다. 나는 너로부터 파생된 개념이다.

셋째는 **마주보기**다. 아이콘택트 이전의 인간은 마주할 수 없었다. 마주보기는 서로 똑바로 향하여 보기를 의미한다. 여기서 "향하다"는 표현은 인간 고유의 지향성을 함의한다. 현상학의 아버지라 불리는 에드문트 후설은 인간의 의식이 항상 사물과 관계를 맺고 있다고 주장했다. 보여지기 위해 존재하는 객체는 관계의 대상이 되기를 기다리는 영구한 대기상태에 유예되어 있다. 객체는 관계를 맺을 수도 없고 따라서 무언가를 향할 수도 없다. 객체는 '~으로서 보기'의 능력을 지닌 주체의 시선 그대로 길들여진다. 반면에 눈과 눈의 만남에서 길들여짐이란 쉽지 않다. 아이콘택트를 통해 두 눈 역시 일종의 대기상태에 돌입하지만, 이는 객체의 피동적 대기상태와는 대조된다. 서로를 알아보고 각자를 돌아본 두 눈은 주·객체의 이분법을 파기한다. 상대방을 누구로서 볼지, 나는 상대방에게 누구로 보여질지를 판단하고 실천할 준비가 되었다. 주체로서의 상대방을 알아보고 객체로서의 자신을 돌아본 두 사람은 서로 마주함으로써 관계를 시작한다. 마주보기는 "나는 당신의 시선에 예속되는 데 동의한다"는 의지를 표명하고, 이와 동시에 "당신 또한 나의 시선에 예속될 것"이라고 선언한다. 평소에 성격이 매몰차거나 무관심한 사람에 대해 "거들떠보지도 않는다", "눈길 한 번 주지 않는다" 등의 표현을 쓰는 이유도 여기에 있다. 나와 마주하려고 하지 않는 사람은 나와의 관계를 거부하는 사람이다. 그는 나를 그의 맘대로 쉽게 길들일 수 있는 사물로 보고 싶어한다.

무궁무진한 관계의 발전 가능성을 앞둔 두 눈 사이에는 긴장감이 감돈다. 주체와 주체의 마찰은 곧 관계의 운동을 가능케 한다. 이제 둘은 서로의 관계적 잠재성을 인정한 상태다. 아이콘택트는 일방적이고 저항 없는 길들이기가 아닌, 쌍방의 관계를 수립하기 위한 예열단계라고 볼 수 있다.

자유는 눈으로부터

아이콘택트는 우리의 시작을 알린다. 두 눈은 마주보기로써 발생한 의미심장한 동적평형에 소속된다. 소속은 권리와 의무를 동반한다. 아이콘택트의 경우, 서로를 인정하고 인정받을 가장 기본적인 권리와 의무가 발생한다. 눈을 마주친 이상 나는 너를 사물로 대할 수 없으며, 너에게 그런 대우를 받아서도 안 된다.

아이콘택트는 **시선의 자유**를 가능케하는 조건이 형성되었음을 의미한다. 자아가 타자에서 파생되었듯이, 자유 또한 구속에서 발현된다. 중력이 존재해야 점프가 가능해지는 것과 같은 원리다. 할 수 없음의 범주가 생겨났기 때문에 할 수 있음이 의미를 지니게 된다. 나는 너를 아군, 적, 교미의 대상으로서 볼 수 있는 한편, 너를 구름이나 바위로 볼 수는 없다. 자유의 경계가 정해지기 때문에 자유가 정의된다('정의하다'를 의미하는 영어 단어 define은 끝, 또는 경계를 의미하는 라틴어 finis를 어원으로 둔다). 내가 너를 볼 때 나는 자유로워진다.

시선의 자유는 자연스럽게 **자기형성** 또는 **정체성의 자유**로 연결된다. 네가 나를 누구로서 보는 것은 내 정체성에 대한 반응이 아니라 내 정체성 자체의 구성 요소가 될 수 있다. 가령 누군가 축구선수가 되기 위해서는 축구선수로서 보여져야 한다. 일견 축구선수라는 정체성과 타자에게 축구선수로서 인식되는 시선은 일방적인 인과관계로 연결되는 듯하다. 그러나 내가 축구선수로서 보여지지 않는 한 나 스스로를 축구선수라고 할 수 없음 역시 사실이다. 즉, 정체성의 발현은 그 정체성에 부합하는 타자의 시선도 내포한다. 정체성의 자유는 시선의 자유에 비해 불안정하고 역동적이다. 타자의 결정에서 생성되는 자유이기 때문이다. 물론 나는 너의 시선에 부응할 수도 있고, 그러지 않을 수도 있다. 이 결정 또한 나의 자유를 구성하는 요소가 된다. 기대가 있기에 성취와 일탈이 있다. 네가 나를 볼 때 또 나는 자유로워진다.

우리가 같은 사물을 볼 때 나는 **해석의 자유**를 경험한다. 해석의 차이가 가장 노골적으로 드러나는 예로 조셉 자스트로Joseph Jastrow의 오리-토끼 그림을 떠올려 볼 수 있다(루트비히 비트겐슈타인은 이 그림을 통해 '~으로서 보기'의 개념을 설명한 바 있다[2]). 누군가는 이 그림을 오리로서, 누군가는 토끼로서 본다. 사실 이 시각의 차이를 착시라고 명명하는 데는 어폐가 있다. 앞서 말했듯이 사물을 무언가로서 보는 것은 탈중립의 오류가 아니라 시각의 생득적 원리이며, 개개인의 눈에 장착된 필터에 따라 동일한 사물을 다른 도구로서 알아보는 현상은 불가피하다. 오리-토끼 그림은 생활 속에 항시 존재하는 해석의 차이를 극대화했을 뿐이다. 나무와 같은 일상적인 사물을 보더라도 너와 나는 각자 동물을 사냥할 무기 또는 집을 지을 재료로서 볼 수 있다. 처음으로 나와 다른 '~으로서 보기'를 시전하는 너를 보며 나는 조율의 필요성을 느낀다. 내가 틀릴 수도 있다는 위험, 그리고 더 나은 해석의 가능성이 생긴다. 이 위험과 가능성을 탐험하기 위해 우리는 각자의 해석을 공유한다. 추후에 해석의 자유로부터 토론이라는 삶의 형태가 피어난다.

새롭게 형성된 우리는 아이콘택트가 깨질 때 휘발하지 않는

다. 너의 눈을 본 순간부터 나는 너의 시야를 계속해서 의식하지 않을 수 없다. 이와 동시에 너의 필터, 즉 네가 무엇으로 사물을 보는지에 대해서도 관여하게 된다. 이른 새벽 등산을 하며 나 혼자 산을 오르고 있다고 생각하던 찰나, 건너편 등산로에서 또 한 명의 등산객을 발견하는 순간 풍경의 분위기 자체가 바뀌는 묘한 경험을 할 수 있다. 나는 이제 그의 눈에 비치는 풍경까지도 신경을 쓰게 된다. 시각적 주체로서의 독재는 한 번 무너진 이상 복구되지 않는다. 우리가 서로를 보고 있지 않을 때에도 네가 보는 세상은 나의 그것과 다름을 인지하게 된다. 타자성은 너를 기점으로 번져나간다. 너라는 주체를 경첩 삼아 세상으로 통하는 또 하나의 문이 열린다. 경첩에 경첩이 더해질수록 굴곡은 늘어난다. 모퉁이에서 휘어지는 길의 끝은 볼 수 없듯이, 굴곡은 시야의 불완전성을 초래한다. 나는 외적 시야의 불완전성을 보완하기 위해 내적 시야를 동원한다. 이로써 나는 **상상의 자유**를 익힌다. 아이콘택트 이전에는 내가 보는 것과 보지 않는 것이 있었다면, 이제는 내가 볼 수 없는 것 또한 존재한다. 상상력은 허상의 시야라고도 할 수 있다. 내 시선의 자유를 행사할 수 없는 시야에 대한 놀이와도 같다. 이 허상의 시야에서 나는 아이콘택트 이전의 구속 없는 시선(즉, 무엇이든 내가 보는대로 그 존재가 길들여지는 시선)을 재현해보려 하지만 그 진공 상태 속의 무질서한 자유는 의미가 없음을 확인한다. 상상을 놀이의 범주로 인식하게 됨으로써 상상 앞에서 나는 겸허해진다. 주체로서의 내가 영향을 미칠 수 있는 한정적인 범위를 자각함과 동시에 사물의 존재 가치를 독점적으로 확정해야 한다는 책임을 내려놓는다. 이 시점에서 이미 유아론에 대한 진지한 성찰은 오만에 지나지 않는다. 상상력은 타자에 대한 호기심으로 이어진다. 내가 겪지 못한 너의 경험을 알고자 하는 욕구가 생긴다. 그리고 그 욕구가 충족되기 전까지 나는 놀이로서의 상상을 계속할 자유를 행사한다.

돌아보기 단계에서 나는 객체로서의 나에 불과했다면, 주·객체의 이분법을 탈피한 이후의 나는 권리와 의무, 그리고 자유를 통해 재탄생한다. 이렇듯 우리라는 우리 속에서 너와 나는 재정의된다.

아이콘택트,
인간의 자연상태?

지금까지의 이야기는 어쩌면 17세기 유럽에서 유행한 사회계약론의 서사적 구조를 닮아있다. 토머스 홉스, 존 로크, 장 자크 루소는 각자의 자연상태를 창조해 가상의 역사로부터 현재 사회의 권리와 의무에 대한 통찰을 이끌어냈다. 예컨대 홉스는 정치의 체계가 자리잡기 이전의 인간은 이기적 본성을 앞세워 항시 서로의 안전을 위협하는 불안한 자연상태에 속해 있다며, 그 불안을 걷어내고 서로의 안위를 보장하기 위해 강력한 국가권력의 탄생에 동의하게 된 것이라고 설명했다. 아이콘택트 역시 인간사회의 탐구를 도와줄 허구의 시발점, 또 하나의 자연상태로 간주되기 쉽다. 그러나 그것은 여러 이유에서 잘못된 비교다.

첫째, 아이콘택트는 상태가 아니라 현상이다. 별것 없는 생명체에서 우리라는 존재로 탈바꿈하는, 되돌릴 수 없는 변화를 포착한 순간이다. 아이콘택트는 우리의 관계를 가능케 하는 필수조건이다. 그렇기에 인간이라면 누구나 아이콘택트를 경험해야 했다. 시선은 모든 대인관계에서 핵심적인 요소로 작용한다. 아이콘택트에 대한 성찰은 곧 지금 우리에 대한 성찰이다. 반면에 자연상태는 시뮬레이션이다. 시간을 들여 인풋에서 아웃풋까지의 변화를 관찰하는 설명적 도구다. 초기값에 따라 결과가 다르게 나올 수도 있기 때문에, 이 시뮬레이션은 지금의 우리와는 상관없는 이야기일 수도 있다. 시뮬레이션은 현 사회가 자연상태의 필연적 결과라고 주장할 지도 모르나, 현 사회에게 가상의 계보가 필연적이지는 않다.

둘째, 사회계약론은 특정 통치의 형태를 정당화하는 데 그 취지를 두었기 때문에 자연상태는 이론이 입증하고자 하는 바에 맞춰 편리하게 소급 설정된 서사적 배지培地다. 당시 사회의 안정을 추구하고 통치 방식을 정당화하기 위해 사회계약론자들은 각자의 입맛에 맞는 자연상태를 꾸몄다. 홉스는 개개인이 전투의 의지를 지니고 있던 불안과 공포의 자연상태에서 시작해, 안전과 평화를 보장해줄 절대적 힘을 지닌 리바이어던의 탄생을 서술한다. 당대의 독자들은 가히 심리학적인 분석을 시발점으로 삼은 신선한 정치 이론에 열광했다. 그들은 홉스가 절대주권을 정당화하는 데 집중한 나머지 부연설명이 필요한 하위개념과 그렇지 않은 근원개념을 임의로 취사선택했음을 간과했다. 자연상태의 인간들에게 전투의 의지, 교섭의 의지는 어떻게 생겼는가? 애초에 전투와 교섭이라는 관계는 어떻게 가능한가? 그들은 왜 서로를 파괴하고 찬탈하려는 욕구를 지녔는가? 로크와 루소 역시 각자의 자연상태에서 "자연 이성natural reason"과 "선의good will"를 편리하게 전제한다. 이렇듯 자연상태에서 펼쳐진 가상의 과거는 은밀하게 현재의 통념에 기생한다.

아이콘택트는 (적어도 통상적인 범주의) 정치철학에 관여하지 않는다. 자연상태가 인간성을 기본 전제로 치부한다면 아이콘택트는 인간성 자체에 대한 탐구다. 엄밀히 따지면 자연상태에서 전제하는 인간성은 인간의 성질이 아닌 인간의 성격이다. 홉스와 루소의 대조적인 자연상태는 성악설과 성선설의 유치하고 입증 불가한 대립에서 벗어나지 못한다. 당위성의 기준이 없기 때문이다. 아이콘택트의 현상이 보여주는 것은 물체로서 인간이 아니라 **개념으로서 인간의 탄생**이다.

셋째, 사회계약론의 자연상태는 개인을 기본 단위로 삼아 관계를 설명하고자 하는 치명적 결함을 지니고 있다. 얼핏 보기에는 우리가 너와 나의 집합이기 때문에 인간에 대한 시뮬레이션으로 사회에 대한 통찰을 얻는 사회계약의 방법론이 순차적이고 타당해 보인다. 그러나 자연상태의 배경은 원시적일지 몰라도 그 주역들은 이론 창시자의 역사성에 얽매여 있다. 선사시대의 부족 마을에 17세기의 인간을 배치하면 그것은 이미 오염된 시뮬레이션이다. 홉스, 로크, 루소 모두 본인이 당연시하는 '인간의 사회성'이라는 개념에 대해 호기심을 갖지 않는다. 그들의 자연상태에 있는 인간은 이미 관계 속에 존재하는 인간이다. 서로를 인간으로 의식하기 때문에 불안과 공포를 느끼고 협동심과 선의가 생긴다. 관계가 수립되기 이전에 개인을 논할 수 없는 법이다.

우리는 집합이기 이전에 관계다. 우리라는 관계 속에서 너와 나는 재정의된다. 직소퍼즐의 한 조각을 집어들고 "이것은 전체 퍼즐의 부분이다"라고 말할 수 있는 것은 전체 퍼즐이라는 개념이 깔려있을 때에야 가능하다. 그렇지 않고서야 퍼즐조각을 조각으로 인식할 수 없다. "닭이 먼저냐 알이 먼저냐"는 질문이 물리적 인과관계를 따진다면, "우리가 먼저냐 내가 먼저냐"는 질문은 개념의 설명적 역량을 따진다. 우리는 나를 설명할 수 있지만 나는 우리를 설명할 수 없다. 설령 우리가 너와 나의 물리적 집합으로 이루어진다 하더라도 마찬가지다.

아리스토텔레스는 "인간은 사회적 동물"이라고 선언했다.[3] 비일비재하게 인용되는 이 문구는 '인간은 무리를 지어 사는 습성이 있다'는 경험적 관찰쯤으로 오해되곤 한다. 그렇게 따지면 개코원숭이도 열대어도 사회적 동물인 셈이다. 사실 아리스토텔레스의 말은 인간이라는 개념에 관한 명제다. 그는 인간만이 언어를 사용하고 사회적 맥락에서의 선악과 정의를 이해할 수 있음을 강조하며 "전체는 필연적으로 부분에 앞선다"고 강조했다.[4] 사회라는 맥락 안에서 개인을 이해해야 한다는 뜻이다. 인간이라는 개념에는 이미 관계성이 내재되어 있기 때문이다. 인간人間의 한자 뜻이 '사람들 사이'인 것은 우연이 아니다. 외진 곳에서 혼자 사는 사람은 지능이 높은 동물일지언정 우리가 아는 의미의 인간이라고 볼 수 없다.

헤겔 역시 《정신현상학》에서 '너'가 있어야 '나'가 있다고 주장한 바 있다. 헤겔은 자의식이 또 다른 자의식으로부터 "인정받을 때에만 존재"한다며, 둘은 각자 "서로를 인지하고 있는 자기 자신을 인지"하게 된다고 설명한다.[5] 이때 자의식의 형성은 타자의 의식에 대한 의식을 필요조건으로 삼는다. 타자를 거울 삼아 내가 의식하고 있음을 알게 되는 것이다. 이 최초의 거울을 들여다보는 순간, 단순한 '생'에서 '나'가 되는 순간이 바로 아이콘택트이다.

헤겔은 너와 나의 만남을 논하면서도 아이콘택트라는 현상에서 시선이 가지는 의의에 대해서는 침묵한다. 《정신현상학》은 의식의 성장 과정에 초점을 맞춘 프로젝트다. 그렇기 때문에 헤겔에게 있어 너와 나의 대면은 의식의 배아로부터 절대지가 탄생하는 대서사를 이야기하기 위한 기나긴 사다리 중 한 단계일 뿐이다. 어떻게 보면 헤겔은 가상의 역사가 아닌 아이콘택트의 현상을 개념화했음에도 불구하고, 자신의 서사 내에서 아이콘택트를 사회계약론의 자연상태처럼 취급했는지도 모른다.

그러나 아이콘택트의 순간 자체를 논하기 위해서는 시선을 무시할 수 없다. 아이콘택트에서 오고 가는 시선은 한 번 이루어짐으로써 그 의의를 소진한 현상학적 징검다리가 아니다. '보기'라는 행위를 통해서 관계가 수립된다는 통찰은 오늘날에도 유효하다. 실제로 시뮬레이션할 수 없는 자연상태와 달리 보기는 지금도 아무나 실천할 수 있다. 시선은 모든 인간관계에서 필수적인 본질이다. 너와 나는 서로 알아보고, 돌아보고, 마주 봄으로써 우리가 된다. 그래서 시선과 시선의 접점은 공동체의 시작과 성장을 담고 있다. 아이콘택트에 대한 성찰은 곧 사회의 DNA에 대한 성찰이다. DNA가 인간의 신체 및 성향에 관한 각종 정보를 담고 있듯이 아이콘택트에 담긴 시선과 자유, 불안은 오늘날 사회에서 통용되는 관계의 개념으로 향하는 통로를 열어준다. 아이콘택트는 인간관계의 비유를 넘어서 인간관계의 본질이라 할 수 있다. 우리는 눈동자의 심연으로부터 서로를 발견하고 발현했다.

"눈 깔아"

"당신이 심연을 오랫동안 들여다본다면, 심연 또한 당신을 들여다보게 될 것이다."[6] 어쩌면 니체가 말한 심연은 타자의 눈이 아니었을까.

누군가의 눈을 들여다보는 일은 생각보다 어려운 일이다. 가히 공포스럽다고도 하겠다. 아이콘택트로써 실현되는 자유에는 책임 또한 따라오기 때문이다. 상대방과 눈을 마주할 때 나는 그에게 나에 대한 권리를 일부 인정하게 된다.

실제로 아이콘택트에 대한 공포는 고대부터 다양한 이야기 소재로 다뤄졌다. 그리스 신화에 등장하는 메두사는 눈을 마주치는 사람을 즉시 돌로 굳게 만들어버리는 능력을 지닌 괴물이었다. 본디 아름다운 여성으로 묘사되었던 메두사는 포세이돈과 사랑을 나눈 뒤 아테나의 질투를 사 보는 이를 공포에 빠뜨릴 정도의 흉측한 모습으로 변하는 저주를 받는다. 재미있는 것은 페르세우스가 메두사를 퇴치할 때 아테나의 방패를 거울 삼아 메두사를 비춰볼 수 있었다는 점이다. 즉 메두사의 무기는 얼굴 자체가 아니라 아이콘택트였던 것이다.

아이콘택트로 살상이 가능한 또 하나의 대표적인 괴물로 바실리스크가 떠오른다. 성경에도 언급되는 바실리스크는 고대 로마 때부터 본격적으로 각종 전설과 신화에서 활약했다. 바실리스크는 강력한 독을 지닌 코브라에서 영감을 얻어 탄생한 것으로 추정되는데, 가축은 물론 성인도 쉽게 죽일 수 있을 뿐더러 기척없이 움직이는 코브라에 대한 고대인의 공포심이 아이콘택트 살상이라는 과장된 설정으로 나타났을지도 모른다. 오늘날에도 애니메이션이나 판타지 소설·영화에서 전투 중 눈을 마주치면 무시무시한 능력을 발휘하는 캐릭터를 심심치 않게 찾아볼 수 있다. 귀신 이야기 역시 귀신과 눈을 마주친 후 홀려버리거나 괴롭힘의 표적이 된다는 식의 전개를 자주 이용한다.

이런 예시가 단순히 재미를 위한 이야기에 불과하다고 치부할 수도 있겠지만, 여기에 우리가 꾸준히 매력을 느낀다는 사실은 우리가 아이콘택트가 단순한 눈맞춤 이상의 무언가를 의미한다고 본능적으로 알고 있다는 뜻일지도 모른다. 적어도 일반인이 아이콘택트에 대해 약간의 부담을 느끼는 것은 분명하다. 웃픈 예시지만 지하철이나 버스에서 노약자에게 자리를 양보하지 않기 위해 철저히 시선을 회피하는 젊은이들을 종종 볼 수 있다. 또 으슥한 골목을 지날 때 험악한 인상의 사람이 맞은 편에서 걸어오면 우리는 본능적으로 눈부터 피한다. 이런 특수한 상황이 아니더라도 일상에서 누군가와 대화할 때 아이콘택트를 10초 이상 유지하는 경우는 생각보다 드물다.

아이콘택트에 대한 반응을 "두려움"이라고 표현하는 데 다소 무리가 있을지도 모른다. 확실히 아이콘택트에 대한 두려움은 공포영화에서 느끼는 두려움과는 다르다. 하이데거는 공포와 불안을 구분하는데, 아이콘택트가 유발하는 긴장은 불안에 가깝다. 하이데거에 따르면 공포는 위협의 성격을 갖는 뚜렷한 대상에서 기인한다.[7] 내가 피투성이 귀신이나 살인마 인형을 보며 무서워할 때, 적어도 무엇으로 인해 공포를 느끼는지에 대해서는 의심의 여지가 없다. 공포는 나를 사로잡아 "당황시키고 정신을 잃게 한다".[8] 공포의 대상이 내 사고의 중심이 되어버려 내가 무엇을 할 수 있는지를 망각하고 주체적 사고의 방향을 상실한다. 나에게 어떤 일이 일어날지를 신경 쓰며 내가 위협에 처한 상태가 내 존재를 지배하도록 한다. 한편, 공포는 뚜렷한 대상으로부터 다가오는 것이기 때문에 공포로부터 달아나는 것이 가능하다. 혹은 적절한 대비를 통해 공포를 달랠 수도 있다. 퇴마법을 아는 퇴마사는 귀신이 무섭지 않고 총을 가진 사냥꾼은 호랑이가 무섭지 않다.

반면에 아이콘택트에서 느끼는 두려움은 그 대상이 불확실하다. 상대방의 눈이 싫은 게 아니라 눈을 쳐다보는 순간 되돌릴 수 없는 서로에 대한 인지가 두려움의 대상이다. 불안으로부터는 도망칠 수 없다. 아이콘택트가 종료된 후에도 아이콘택트로 형성된 관계는 취소되지 않는다. 관계는 다른 관계로 덮을 수 있을지언정 파괴할 수는 없다.

상호인지의 불안은 두 가지 요소로 나누어 생각할 수 있다. 첫째는 상대의 시야에 내가 노출되는 데 대한 두려움이다. 눈을 마주친 이상 상대는 이미 나에 대해 그만의 방식으로 생각하고 있다. 나를 "노인 공경도 모르는 젊은이", "정신병자", "못생긴 사람" 혹은 "무례한 사람"이라고 생각할지도 모른다. 나아가 아이콘택트는 보다 긴밀한 관계의 시작을 위한 필요조건이자 의식이기 때문에 눈을 마주친 상대는 나에게 표정을 짓거나 말을 걸 준비가 된 상태이다. 이 관계 발전의 무궁무진한 가능성 앞에 나는 긴장할 수밖에 없다. 귀신을 퇴치할 때와는 달리, 불안에 어떻게 대비해야 할지조차 막막하다. 불안은 기다림을 강요한다. 아이콘택트는 두 사람의 시간을 기다림으로 바꾼다. 상대방의 눈은 그야말로 한치 앞을 내다볼 수 없는 심연으로서 다가온다. 눈은 시야의 모든 사물을 끌어들여 담는다는 점에서 블랙홀과 같다. 눈의 입장에서 모든 것은 눈으로 향한다. 눈은 시야에 대해 중력을 행사한다. 아이콘택트를 통해 나는 상대방의 중력에 휩싸이게 된다.

둘째는 내 눈이 발하는 중력의 장에 상대방을 포함시켜야 하는 책임에서 오는 두려움이다. 눈을 맞춘 상대는 나에게 있어 해석해야 할 과제가 된다. 상대방은 내가 그를 어떤 방식으로 생각해주기를, 심지어 말을 걸거나 터치를 하기를 기대하고 있을지도 모른다. 그리고 나는 그 기대를 모른척할 수 없다. 내가 싫어하는 사람과 눈을 마주친 후 홱 고개를 돌린 순간 이미 그와 나 사이에는 미묘한 기류가 흐르고 있다. 그의 입장에서 나는 그를 무시한 게 된다. 애초에 눈을 마주치지 않았더라면 당연히 무시할 수도 없었다. 아이콘택트를 한 이상 상대방은 나에게 누군가가 되어버린다. 무관계의 선택지가 사라지는 것이다. 그 누군가를 결정하는 것은 내 책임이 된다. 내가 어떤 결정을 내릴지 나조차 모르고 지금의 결정을 나중에 바꿀지도 모른다. 나는 나 자신의 자유에도 대비할 수 없는 것이다.

어쩌면 한국 사회의 꼰대들이 "눈 깔아!"라고 윽박지르는 것은 본인의 권위를 과시하거나 모욕감을 주기 위함보다는 아랫사람으로부터 불안을 느끼고 싶지 않은 까닭일지도 모른다. 꼰대가 아랫사람을 함부로 대하려면 아랫사람이 누군가가 아닌 편이 낫다. 눈을 마주칠 필요가 없는 사람은 사물화하기 쉽다. 꼰대는 아랫사람을 인격체로 인정하기도, 아랫사람의 시야에 본인이 노출돼 판단받는 것도 싫다. 극단적인 비유지만 나치들이 유태인을 총살할 때 가리개로 피해자의 얼굴을 덮은 채 방아쇠를 당긴 것과 비슷한 맥락이다.

하이데거에게 불안은 특정 사건에 의해 촉발되는 감정이나 기분이 아니다. 오히려 항시 현존재Dasein과 함께 하는 삶의 조건이다. 편의상 현존재를 인간으로 치환해 말하면(사실 《존재와 시간》 어디에도 하이데거는 현존재와 인간을 동일 범주로 취급하지 않는다) 인간은 언제나 특정 환경에 "던져져 있음Geworfenheit"에서 그 존재가 출발하기 때문에, 자신이 던져진 환경의 규범과 기준에 의지해 스스로를 계발해야 한다.[9] 쉬운 예를 들자면, 바둑 기사는 바둑을 둘 때 바둑의 규칙과 전략, 에티켓 등으로 구성된 '바둑환경'에 필시 얽매여있다. 이 바둑환경은 이전부터 존재해왔고, 기사는 그 환경에 던져졌다. 따라서 기사가 바둑을 둘 때 본인의 자유로운 선택에 의해서만 둔다는 설명은 반쪽짜리 설명에 불과하다. 기사는 매 선택을 자신이 던져진 바둑환경에 기대어 평가한다. 그럼으로써 좋은 바둑을 두고자 **노력**한다. 노력에는 기준과 지향성의 개념이 내재되어 있다. 바둑을 잘 두기 위해 노력하는 것은 '바둑을 잘 둔다'라는 기준이 정해져 있기 때문에, 그리고 내가 그 기준에 가까워지고 싶어하기 때문에 가능하다. 노력은 '잘하고 있는가'라는 의문을 수반한다. 더 좋은 수를 찾으려는 바둑기사의 노력에는 '최선의 수를 찾지 못할 수도 있다'는 불안이 함께 한다. 하이데거는 인간이 필연적으로 항상 노력하고 있다는 통찰을 내놓는다. 그렇기에 인간은 필연적으로 항상 불안하다. 불안은 인간의 존재론적 조건이다. 설거지같이 평범한 행동을 할 때에도 올바른 설거지의 기준에 기대어 노력을 하고 또 불안을 느낀다. 불안이 없으면 노력할 수도 없고, 노력이 없으면 자유가 무색해진다. 불안은 자유의 귀결인 동시에 곧 자유의 동력이 되는 셈이다.

너와 나는 우리가 됨으로써 한 차원 높은 자유를 공유한다. '내가 할 수 있는 것'만 존재하던 사고의 축에 '네가 할 수 있는 것'의 축이 추가된다. 나 한 명이 행사하는 자유에도 불안이 따르는데 두 명의 자유가 얽힐 때 불안이 증폭되는 것은 당연하다. 그 불안감의 가장 근본적인 증폭제가 바로 아이콘택트이다.

진심으로 향하는 문

물론 눈이 두려움의 대상인 것만은 아니다. 셰익스피어가 "눈은 영혼의 창"이라고 말한 것처럼(고대 로마의 정치가 키케로도 유사한 말을 한 기록이 있다) 눈은 사람의 정체성과 직결되는 신체 부위로 여겨진다. 아는 사람의 모습을 떠올리면서 눈을 상상하지 않으려고 노력해보라. 쉽지 않을 것이다. 반대로 마스크로 얼굴의 다른 부분은 가리고 있어도 눈만 볼 수 있다면 신기할 정도로 쉽게 사람을 알아볼 수 있다. 귀, 코, 입이 없는 인형은 있어도 눈이 없는 인형은 없다. 이모티콘 역시 마찬가지다. 눈은 표정에 있어 가장 핵심적인 부위다. 표정表情은 말 그대로 겉으로 드러난 마음을 의미한다. 눈이 표정의 핵심이 맞다면 마음은 눈을 통해 드러난다는 말에도 일리가 있다. 그렇기에 눈이 영혼의 창이라는 말은 눈이 진심과 교감의 상징임을 의미하기도 한다.

눈을 보면 상대방의 진심을 알 수 있다는 말을 뒷받침해주는 과학적 근거도 없지 않다. 심리학자 폴 에크먼에 따르면 인간의 얼굴에는 통제할 수 없는 미세표정이 존재한다. 미세표정은 작고 빠른 근육의 움직임으로 이루어지기 때문에 일반인은 감지할 수 없지만, 훈련된 전문가라면 얼굴에 스쳐 지나가는 감정을 포착할 수 있다. 미세표정의 상당부분은 눈 주변의 근육에서 드러난다. 진짜 웃음을 판별하는 방법도 눈꼬리를 보면 된다. 또, 대부분의 사람들은 거짓말을 할 때 눈동자가 평소와 다른 쪽으로 향한다. 이밖에도 속눈썹의 떨림, 동공의 확장, 눈꺼풀의 주름 등을 통해 분노, 놀람, 기쁨 등이 드러난다.[10]

고난이도의 심리학적 분석은 차치하더라도, 눈과 눈이 마주칠 때 내가 상대방을 더 잘 읽을 수 있을 것만 같은 기분, 또 상대방에게 내가 더 잘 읽힐 것만 같은 기분은 누구나 경험해봤을 것이다. 눈은 나를 **노출**시킨다. 아이콘택트는 창을 열어 내 안을 보여주는, 적어도 볼 수 있도록 허용해주는 행위다. 눈을 오래 마주친 사람에게는 겉치레를 한 층씩 차례차례 내려놓게 된다. 그래서 아이콘택트는 길어질수록 깊어진다. 오랫동안 아이콘택트를 지속하기 어려운 이유도 여기에 있다. 예능 방송에서 시쳇말로 썸을 타는 두 사람에게 서로를 쳐다보게 하고 먼저 눈 돌리는 사람이 더 좋아하는 것이라고 몰아가는 식의 게임을 자주 볼 수 있다. 썸을 타는 사이가 아닌 누구라도 서로를 오래 쳐다보는 일은 힘들다. 노출이 심해지면 어느 순간 자신이 헐벗은 느낌이 들기 때문이다.

아직 무대가 떨리는 초보 연극배우들은 종종 관객석 뒤쪽의 허공을 응시하라는 조언을 받는다. 특정 관객과의 아이콘택트를 피하라는 소리다. 무대는 다수의 시야에 노출된 공간이지만, 배우는 자신의 정체성을 백스테이지에 두고 다른 캐릭터를 연기하는 것이기 때문에 오히려 본인을 철저히 가려야 한다. 배우는 의도적으로 치밀하게 제작된 겉치레를 한 층 더 두르고 있는 상태다. 누군가와 눈이 마주쳤다간 순간적으로 자신이 분하는 역이 아닌 배우로서의 자신을 의식하게 될 위험이 있다. 따라서 아이콘택트로 인한 노출을 피하는 게 당연하다(무대공포증을 극복하는 방법 중 하나가 관객이 모두 발가벗고 있다고 상상하기라는 점은 배우를 헐벗기려는 관객의 시선으로부터 연기의 가식을 보호하려는 재미있는 역발상이라고 할 수 있겠다).

연기하는 배우는 연기의 정의상 관객과 진심으로 대화할 수 없다. 훌륭한 연극을 보고 마음이 움직인 혹자는 배우로부터 진심이 느껴졌다고 생각할 수도 있으나, 감정의 진동과 진심은 다르다. 상대방이 진심이 아니더라도 내 감정이 격양되는 일은 얼마든지 가능하다. 내 감정은 결국 내가 중요하게 여기는 자극에 반응하기 때문에, 온전히 내 안에서 일어나는 현상이다. 상대방이 자신의 있는 그대로의 모습을 보여주고 있든 아니든 말이다.

흔히들 진심을 명사화해 "진심을 전한다" 또는 "진심을 보여준다"고 말한다. 어쩌면 이는 잘못된 표현일지도 모른다. 실제로 이와 같은 표현을 다른 언어로 직역하면 어색한 경우가 많다. 커뮤니케이션의 내용물이 진심을 결정짓는다는 생각은 사실로서의 진심에만 치중하는 오류를 범한다. 실제로 내가 느끼는 기분, 실제로 고민하는 생각을 공유한다는 것만으로 진심이라고 말하기는 어렵다. 또 때로는 대화가 아닌 행동으로도 진심을 드러내는 게 가능하다.

진심은 내용이 아니라 태도다. 서로의 장벽을 허물고 약간은 벗은 채로 안으로 통하는 문을 열어준 상태를 의미한다. 이런 상태에서 하는 말과 행동을 가리켜 **진심으로 말하고 행동한다**고 표현하는 게 맞다. 겉치레를 내려놓았기 때문에 진심은 일종의 **해방**이기도 하다. 모든 해방이 그러하듯이 진심의 상태에 놓인 사람들은 새로운 의무에 직면한다. 진심의 교감을 향한 첫 문을 열어주는 아이콘택트는 무관계로부터의 해방, 사물화로부터의 해방이라고 할 수 있다.

그러나 오늘날 진심을 열어주는 아이콘택트는 사라져가고 있다.

2장

돌연변이 시선

안으로 통하는
문을 열어준
상태가 진심이라면,
요즘의 커뮤니케이션에서는
안 자체가 없다.

저 너머가
사라지고 있다.

데이터와 패션

사람끼리는 마스크를 써도 알아보는 데 웬만하면 문제가 없지만, 기계는 그렇지 않다. 스마트폰의 얼굴 인식 기능은 마스크를 쓴 사람을 알아보지 못한다. 재미있는 점은 선글라스를 착용한 얼굴은 문제 없이 인식한다는 사실이다. 얼굴 인식 알고리즘은 주로 인중과 턱선의 길이, 광대의 대칭, 코의 너비 등을 계산한다. 얼굴을 알아보는 게 아니라 얼굴을 수치화한 데이터를 기억하는 것이다.

"기억"이라는 표현에도 무리가 있다. 기억은 시간의 흐름을 전제한다. 과거에 대한 현재의 반응이 곧 기억이다. 그 과정에서 현재는 불가피하게 과거를 해석하고 거르고 조정한다. 그렇게 정제된 과거는 현재의 나에게 영향을 준다. 내가 무언가를 기억할 때 나는 기억의 대상을 바꾸기도 하지만 지금의 나를 바꾸고 있는 것이기도 하다. 기억은 현재의 내가 과거의 나와 맺는 관계라고 할 수 있다.

데이터의 "기억"에는 이런 관계성이 결여돼 있다. 데이터는 저장할 뿐이다. 데이터에는 과거가 없다. 10년 전에 저장되었건 어제 저장되었건 저장된 상태라는 점에서 동일하다. 데이터는 항시 가용한 자원이다. 한번 저장된 정보는 영원히 데이터의 항구성에 박제된다.

원시적인 데이터는 기억을 돕기 위한 기록의 의미가 강했다. 물물교환을 할 때 우리 부족이 건넛마을 부족에게 무슨 물건을 얼만큼 줬는지 기록했던 것은, 이 거래를 기억하지 못할 수도 있는 미래를 위한 증서를 남기려는 목적이었다. 오늘날에 이르러 데이터가 기억의 보조재로서 가지는 의미는 희석되었다. 지금의 데이터는 시선의 국소성을 극복하기 위한 초월적 망원경으로서 기능한다. 당연한 얘기지만 시선은 현재의 시야에 국한된다. 내 눈이 향하고 있지 않은 곳은 볼 수가 없다. 그러나 데이터의 시대에서 시야의 한계는 무색해진다. 불과 몇십 년 전만 해도 뉴스에 다른 나라 이야기가 등장하는 빈도는 매우 낮았다. 지금은 방구석에 앉아서 전 세계 각지의 이슈를 눈으로 확인할 수 있으며, 오늘 시청했던 내용을 내일 그대로 시청할 수도 있다.

데이터는 시야의 범위만 확장시키는 게 아니라 시선의 새로운 패러다임을 제시하고 있다. 스마트폰의 얼굴인식 기능이 얼굴이 아닌 얼굴의 수치를 보는 것처럼, 모든 것이 수량화되는 오늘 우리의 눈은 데이터를 보도록 훈련받고 있다. 이전에는 사람의 데이터가 그 사람의 이차적인 특징에 불과했다면, 지금은 사람의 데이터를 보는 것이 곧 그 사람을 보는 것으로 간주된다. 데이터의 시대가 낳은 돌연변이 시선은 사람을 인정하기보다는 인식한다.

이 돌연변이 시선을 잘 보여주는 예로 소셜 미디어만한 것이 없다. 데이터라고 해서 숫자와 그래프만을 의미하는 게 아니다. 소셜 미디어의 유저들은 웹상의 프로필에 자신의 출신, 직업, 취미 등에 대한 정보를 자발적으로 기재한다. 사진 역시 자신의 근황에 대한 데이터가 된다. 우리는 소셜 미디어를 통해 멀리서도 서로를 볼 수 있게 되었다. 몇 년간 만나지 않은 지인이더라도 인스타그램의 앨범을 엄지손가락으로 넘기면서 그 사람을 관찰할 수 있다. 데이터는 모든 것을 항구적 가시성의 범위 안으로 끌어들인다. 그는 언제나 인스타그램 속에 존재하기 때문에 나는 이제 그를 기억할 필요가 없다. 다시 말해 그를 해석할 필요도,

그의 존재에 대해 책임을 질 필요도, 그로 인해 불안을 느낄 필요도 없다.

현대인에게 소셜 미디어는 자유로운 대화의 장을 상징하기도 한다. 본디 의견의 표현과 대화는 청각과 관련된 활동이었다. 대화를 할 때는 상대방의 말에 귀를 기울여야 한다. 상대방의 말을 놓치면 다시 들을 수 없다. 그렇기에 청각은 기억에 의존해야 한다. 그러나 오늘날 커뮤니케이션에서 시각이 차지하는 지분은 압도적이다. 의견은 듣는 것이 아니라 보는 것에 가까워졌다. 시각은 집중할 필요성을 느끼지 못한다. 언제든 내 계정으로 로그인해 지인의 포스팅을 여러 차례 볼 수 있다. 스피치는 주변 사람에 대한 또 하나의 데이터가 된다.

시각은 청각보다 취사선택에 능숙하다. 듣고 싶은 소리만 여과시켜 듣는 것은 어렵지만 보고 싶은 것만 보는 것은 쉽다. 고개를 돌리더라도 소리는 따라오는 반면에 시야는 변한다. 소셜 미디어에서 시선은 유저의 기호嗜好를 좇는다. 따라서 스피치의 시각화는 기존의 화자-청자 역학을 근본적으로 뒤흔든다. 청자는 보고 싶은 스피치를 골라 볼 수 있으며, 화자는 청자가 보고 싶어하는 스피치를 내놓는다. 페이스북과 트위터에 올리는 글은 교류와 토의의 시도보다는, "나는 이런 의견과 생각을 가진 사람이다"라는 자기표현에 가깝다. 이점은 소셜 미디어에서 형성되는 친구그룹의 동질성을 고려할 때 확연해진다. 소셜 미디어는 애초에 내가 마음에 드는 사람, 나와 어느 정도 닮아있는 사람, 나에게 동조해줄 수 있는 사람과 관계를 맺도록 설계되어 있다. 그렇기 때문에 논란거리가 되는 주제에 관한 의견을 표명해도 내 글에는 긍정적인 반응이 지배적일 게 당연하다. 소셜 미디어에서 이루어지는 "토론"의 주된 목적은 불균일한 의견의 교환을 통한 배움이 아니라 균일한 의견의 재확인을 통한 동질감 형성이다.

스피치는 시각화되는 데 그치지 않고 **패션화**되고 있다. 패션의 가치는 타인의 시선과 불가피하게 얽혀있다. 옷을 잘 입고 싶어하는 이유는 기본적으로 타인에게 잘 보이고 싶기 때문이다. 비슷한 옷을 입는 사람들 사이에서 소속감을 느끼기도 하고 유행에 떨어진 옷을 입는 사람을 보며 우월감을 느끼기도 한다. 순전히 자기만족을 위해 예쁜 옷을 입는다고 생각할 수도 있지만, 예쁜 것을 향한 욕구에는 타인의 시선에 대한 의식이 그 저변에 깔려있다. 내가 개성 있는 스웨터를 보고 '마음에 든다', 내지는 '나와 잘 어울린다'고 생각하는 것도 그 스웨터에 대한 타인의 시선을 내면화했기 때문에 가능한 판단이다. 고립되어 사는 사람은 옷을 입을 수 있을지언정 패션을 가질 수는 없다.

이제 사람들은 옷을 입듯이 스피치를 입는다. 어떤 상황에 어떤 옷을 입어야 호감인지 아는 것처럼, 어떤 주제에 관해 어떤 말을 해야 '좋아요'가 많이 눌리는지 알게 된다. 명제에 대한 근거가 아니라, 명제에 대한 반응을 고려해 발언한다. 즉 스피치의 진앙은 내부에서 외부로 옮겨진다. 화자는 그룹의 기호가 반영된 의견을 복제해 송출하는 매개체로 전락한다. 소셜 미디어 유저는 잘 보이기 위해 말한다. 디지털 시선은 트렌디한 스피치를 좌우하는 시세로서 작용한다. 물론 그 시선은 유저가 속한 디지털 커뮤니티의 정치적 성향, 문화적 배경 등에 따라 달라진다. 첨예하게 상반된 정치색의 유튜브 채널이나 뉴스 사이트의 댓글창을 살펴보면 이 사람들이 같은 나라 국민이 맞나 의아할 정도로 여론이 다르다. 조금만 생각해보면 당연한 결과다. 보수적인 성향의 공간에서는 보수적인 멘트를 해야 주변의 질타를 피하고 호응을 얻을 수 있다. 주변 사람들의 패션에 잘 녹아드는 옷을 입고 싶어하는 것과 본질적으로 동일한 심리다.

디지털의 자아는 내 육체보다 훨씬 비대하다. 몸에는 기껏해야 옷 몇 벌 걸치는 게 전부라면, 디지털 세계에서 나는 무수히 많은 양의 데이터로 나를 치장할 수 있다. 또, 디지털 세계에서는 무수히 많은 눈이 나를 쳐다보고 있다. 그들의 시선은 나를 압도한다. 주식시장의 거래에 의해 주가가 결정되듯이, 디지털 시선에 의해 내가 누구인지 결정된다. 따라서 디지털 패션의 착용은 나에 대한 데이터만으로 나를 알아봐도 좋다는 동의를 함의한다. 기존의 사회계약론이 말한 동의는 개인 주권의 헌납을 의미했다면, 디지털 패션에 대한 동의는 정체성의 헌납을 의미한다. 자아는 디지털 패션에 용해된다.

옷은 예전부터 사람의 신분과 직위를 판단하는 척도 역할을 해왔다. 입은 옷만 보고 양반인지 백정인지, 문관인지 무관인지, 화이트칼라인지 블루칼라인지 식별할 수 있다. 디지털 패션은 훨씬 넓고 강력한 식별력을 허용한다. 현대인은 타인의 디지털 패션만 보고 그 사람을 알 수 있다고 자부한다. 또 나 역시 디지털 패션을 통해 타인에게 충분히 알려졌다고 안주한다. 우리는 이를 기술적 발전이 꽃피운 새롭고 더 편리한 상호인지의 패러다임으로 착각한다. 그리고 아이콘택트의 필요성을 느끼지 못하게 된다.

우리는 소셜 미디어의 시대에 더 많은 자유를 향유하는 것처럼 보인다. 이전에 할 수 없었던 일을 할 수 있게 되었다는 의미에서는 자유로워졌을지 모른다. 그러나 새로움과 자유로움은 다르다. 소셜 미디어의 새로움은 아이콘택트에서는 가능했던 시선의 자유를 앗아간다. 나는 타자를 누군가로 볼 자유가 없다. 오로지 데이터로만 타자를 접하기 때문에 타자는 내 시선의 객체에 불과하다. 디지털 패션은 사람을 사물화하는 가장 확실한 방법을 제시한다. 소셜 미디어는 얼굴도 보지 않은 채 새로운 사람과 관계를 수립하는 것이 가능하다는 환상을 불러일으키지만, 사실 그것은 관계의 수립이 아닌 정보의 소비다. 디지털 패션은 듣지 않는다. 패션의 착용자에 대해 "이런 사람이다!"라고 일방적으로 단언한다. 아이콘택트에서 존재했던 무궁무진한 관계발전 가능성으로 인한 긴장감은 없고 끝없는 소비만이 남을 뿐이다. 소비 과정에서 나에게 상대방을 주체로 받아들일 자유는 없어진다. 가령 누군가의 SNS 프로필에서 극단적인 정치성향을 확인했다면, 그는 나에게 있어 극단적인 정치성향을 가진 사람, 그 이상도 이하도 아니게 된다. 다르게 보려고 하는 것은 시장에 의해 결정된 주가를 혼자 다르게 보겠다고 우기는 꼴과 다름 없다. 물론 SNS 프로필은 어느 개인의 한 단면에 지나지 않는다는 생각을 항시 견지할 수도 있겠다. 그러나 SNS상에서만 접하게 될 타인이라면 이야기가 다르다. 보여지는 단면 외의 다른 면의 여지를 둘 이유도 방법도 없다.

같은 이유로 우리는 정체성의 자유 역시 박탈당한다. 앞서 말했듯이 디지털 패션은 개인의 정체성을 박제해버린다. "이러이러하게 보여지는 사람"은 곧 "이러한 사람"과 동일한 의미가 된다. 인식이 실물을 결정하고 외관이 내면을 잠식한다. 아이콘택트의 알아보기는 데이터의 일치율로 대체된다. 나를 데이터로 인식하는 디지털 시선에 수긍하는 순간, 나는 타자에게 객체가 된다. 이는 타자가 나를 주체로 알아보지 않아도 좋다는 동의의 표시다. 그렇기 때문에 타자는 나와 인간적인 관계를 맺을 수 없다. 누군가는 자신의 디지털 패션과 내 디지털 패션을 비교해 동질감을 느낄 수도 있다. 사실 이 동질감은 소셜 미디어를 통해 우리가 얻고 있다고 생각하는 만족감의 핵심이다. 하지만 패션을 비교할 때 우리의 돌연변이 시선은 서로의 패션을 향해 있다. 서로의 눈을 바라보지 않는다.

진심은 저 너머에?

타자의 진심은 언제나 호기심의 대상이었다. "열 길 물 속은 알아도 한 길 사람 속은 모른다"는 속담도 있듯이 누군가의 진심을 알기란 쉽지 않다. 커뮤니케이션은 매개를 통해 이루어지는 만큼 기만의 가능성을 안고 있다. 매개란 본질적으로 여과하고 왜곡한다. 가장 직접적으로 이루어지는 면대면 대화만 하더라도 말, 표정, 손짓 등을 통해 기만이 이루어질 수 있다. 그렇기 때문에 항상 진심은 저 너머에 있다. 외관으로 보이는 상대방의 모든 의도적 표현 뒤에 숨어있는 것을 진심이라고 부르고 싶다.

앞서 진심은 내용이 아니라 태도라고 했다. 그렇기에 진심은 아는 것보다는 이끌어내는 것에 가깝다. 상대방의 진심을 궁금해한다는 것은 상대방으로부터 진심의 태도를 이끌어내고자 하는 희망을 대변한다. 그런 의미에서 오늘날 진심을 파악하는 것, 즉 진심의 대화를 가능케 하는 것은 더욱 어려워졌다. 피상적인 이유로는 커뮤니케이션 매체의 과잉을 들 수 있다. 현대인의 진심은 말투와 표정에 가려지다 못해 모니터와 스마트폰 스크린 뒤에 숨어있다. 요즘 들어 손편지가 진정성 있는 마음의 표현으로 미화되는 경향이 있는 것도, 상대방과 나 사이에 존재하는 표현의 겹이 상대적으로 적은 매개체에 매력을 느끼는 까닭이 크다고 하겠다. 이메일과 SNS가 없던 시절, 카프카가 "대체 어떻게 편지를 통해 사람들의 교제가 가능하다는 생각을 할 수 있을까" 라고 한탄했던 것은 흥미로운 대목이다.[11]

그러나 보다 근본적인 이유는 스피치의 패션화에서 찾을 수 있다. 패션에는 진심이 없다. 외관에 지배당하는 패션은 은폐하지 않는다. 패션은 솔직하다 못해 적나라하다. 통상적인 대화에서는 "내 말이 어떻게 해석될까?"라는 의문이 존재했다면, 패션화된 스피치는 "내 말이 이렇게 보일 것"이라는 예측만을 남긴다. 패션은 해석의 대상이 아니라 관찰과 복제의 대상이다. 스피치는 이제 유행을 탄다. 토론에 임하는 화자는 청자를 진심으로 설득시킬 필요 없이 자신의 주장을 옷처럼 착용해 대중에게 전파하는 전략을 사용한다. 저 너머의 진심이 생략되었기 때문에 패션화된 스피치의 전파는 빠르고 매끄럽게 이루어진다. 본인의 기호에 맞지 않는 스피치를 접한 청자는 화자와의 진정성 있는 토의를 준비할 필요 없이 그 패션을 거부하면 그만이다.

패션에는 저 너머가 없다. 패션은 옷 뒤에 가려진 실체를 관심의 영역 밖으로 몰아낸다. 따라서 겉치레를 내려놓고자 하는 진심은 존재할 수 없다. 안은 겉으로 침하된다. 옷을 입는 몸뚱아리는 패션의 캐리어에 불과하다.

영어에서는 특이한 옷차림을 가리켜 "패션스테이트먼트fashion statement"라고 표현한다. 특이한 옷차림은 개성을 단언한다. 이때의 스테이먼트는 논의와 해석의 차원에 존재하지 않고, 대중의 시야를 차지하고자 방방 뛴다. 패션스테이트먼트는 보여주지 않고 보여질 뿐이다.

영국의 언어철학자 존 랭쇼 오스틴은 언어를 명제가 아닌 행위의 개념으로 바라보며, 언어 연구의 초점을 명제의 진위 여부에서 수행적 발화의 성공 조건으로 옮긴다. 오스틴은 '말하기'도 행동의 한 종류로 구분하며, 여느 행동에 대해 성공 여부를 따질 수 있듯이("상자를 뜯었다" vs. "상자를 뜯지 못했다") 언어행위 역시 성공 여부의 기준에 의해 평가될 수 있다고 분석한다. 그에 따르면 "이 명제는 참인가?"라는 질문보다 "이 언어행위는 발화했는가?"라는 질문이 더 유의미하다("상자를 뜯었는가?"). 일반적인 언어행위가 성공적으로 발화하기 위해서는 그 언어행위가 청자에게 전달되어야 할 뿐만 아니라, 청자가 해당 표현을 이해할 능력을 갖추고 화자가 해당 언어행위에 필요한 적합한 자격을 지녀야 하는 등 추가적인 조건이 필요하다. 예컨대 일반 사원이 팀장에게 "당신은 해고야!"라고 말할 때, 해고하는 언어행위는 발화에 실패한다.[12]

패션스테이트먼트의 발화 조건은 훨씬 간명하다. 보여지는 것만으로 스테이먼트가 끝난다. 상대방의 동의를 구걸하지도, 패션 착용자의 자격을 변호하지도 않는다. 의문을 제기하거나 공명을 시도하지 않기 때문에 패션스테이트먼트에는 물음표나 느낌표가 없다. 스스로 마침표를 찍으며 "그러하다."고 단언한다. 패션스테이트먼트는 짧을수록 전파되기 쉽기 때문에 쉼표 또한 거부한다. 소셜 미디어에서 이뤄지는 담론은 이데올로기를 한입 크기로 서빙한다. Fast food에 이어 fast thought의 시대가 도래했다. 이해와 소화의 과정을 증발시켜버린 스테이트먼트는 진심을 담을 수 없다.

근 몇 년 연예인이나 유튜버 등 유명인이 사적인 과오로 공적인 사과를 하는 사례가 급증했다. 공인의 위치에서 대중에 비쳐지는 이미지와 상반된 행동을 삼갈 의무가 있다면, 자신의 사생활을 통해서 대중에게 실망감을 안겨준 만큼 사과가 필요한 부분일 수도 있다. 그러나 개중에는 특정 개인에게 범한 잘못을 두고 대중에게 사과를 하는 경우도 비일비재한데, 이때는 사과의 당위성에 대해 의구심을 가져 볼 만하다. 사과라는 언어행위는 그 발화조건으로 '화자가 청자에게 잘못을 범한 상황이 전제되어야 한다', 그리고 '사과가 2인칭으로 이루어져야 한다'를 생각해볼 수 있다. 대중에게 직접적인 잘못을 범한 적이 없는데도 유명인이 불특정 다수에게 사과를 하는 상황은 위의 두 가지 발화 조건을 모두 충족시키지 못한다. 이때의 사과는 사과하는 진심보다 사과하는 모습이 더 중요하다. 대중은 유명인의 사과를 받고 싶은 게 아니라, 그가 사과하는 모습을 보고 싶어한다.

불특정 다수에게 감사의 인사를 전하는 것도 비슷한 맥락으로 이해할 수 있다. 대중은 스타로부터 감사를 원하지 않는다. 적어도 누군가에게 선물을 주고 그로부터 고마움을 기대하는 심정과는 확연히 다르다. 대중은 스타가 감사하는 모습을 보고 싶어할 뿐이다. 고맙다는 인사, 미안하다는 인사는 스타계에서 일종의 관례로 자리잡는다. 기존에는 진심을 발화 조건으로 삼던 언어행위는 행위의 모습으로 환원된다. **진심은 패션에 밀려난다.**

진심은 모습을 두르거나 모습에 가려질 수는 있지만 직접 모습을 취하지는 않는다. 모습模襲은 무엇을 본으로 삼아 베낀 형상을 의미한다. 모습과 본本 사이의 간극이 전제되었을 때 모습을 매개로 하는 커뮤니케이션은 건전하다. 그 간극 덕분에 "사실 내 모습과는 달리 나는 이러했어"라는 진심의 변호가 인정된다. 이때 진심에 대한 주권은 당사자에게 있다. 모습이 베끼고 있는 무언가는 타자의 시야가 닿지 않는 상상의 영역이다. 그렇기 때문에 모습은 타자의 시선에 점령당하지 않게 하는 방파제 역할을 한다. 상대방에게 모습 너머의 진심이 있음을 인지해야만 겸허와 존중의 자세로 대화에 임할 수 있다. 모습 그 자체가 진심의 역할을 대체할 경우, 존중의 필요성은 사라진다. 누군가를 안다는 것은 그 사람을 보는 것과 점점 비슷해진다.

안으로 통하는 문을 열어준 상태가 진심이라면, 요즘의 커뮤니케이션에서는 안 자체가 없다. 저 너머가 사라지고 있다. 정확히는 저 너머의 여지를 둘 이유가 사라지고 있다. 안으로 통하는 문인지, 문의 모습을 한 담벼락인지 분별하기가 어렵기 때문에 사람들은 분별을 귀찮아한다. 대중은 진심이 아닌 모습을 원한다. 쉽게 알고 소화하고 납득할 수 있기 때문이다. 소셜 미디어는 진심을 지우는 게 아니라 진심을 침묵하게 한다. 패션의 모습만이 즐비한 사회에서 진심의 대화를 시도해봤자 진심으로 받아들여질 수 없다. 언어행위는 진심이 아닌 모습을 기준으로 판단된다.

2인칭의 소실

아이콘택트의 소실은 2인칭의 소실과 밀접한 연관이 있다.

원래 커뮤니케이션은 2인칭에서 시작했다. 아이콘택트를 통해 너에서 내가 파생된 것처럼, 누군가에게 말을 걺으로써 말이 처음 탄생했고 그로부터 혼잣말이 생겨났다. 인류는 일기를 쓰기 전에 편지를 먼저 썼을 것이다.

아이콘택트가 깨진 이후 네가 나의 시선에서 사라졌을 때 나는 너를 3인칭으로 언급하게 된다. 아이콘택트라는 관계의 기초를 공유했기 때문에 너에 대해 3인칭으로 말할 자격이 생긴다. 아이콘택트 이전의 3인칭은 지시 대상을 정적인 사물로밖에 이야기할 수 없다. 정적인 사물은 나에게 공포를 줄 수 있을지언정 불안을 줄 수는 없다. 아이콘택트의 우리를 거친 이후에야 서로를 불안하게 하고 서로를 신경 쓰게 하는, 즉 서로의 자유에 관여하는 넓은 의미의 우리가 발아한다.

오늘날 2인칭과 3인칭의 선후관계는 달라졌다. 새로운 사람과 2인칭으로 대면하기 전에 3인칭으로 그를 먼저 접한다. 정확히는 그에 대한 데이터를 접한다. 그것은 구글 검색결과가 될 수도 있고, 링크드인이나 페이스북의 프로필이 될 수도 있다. 나는 3인칭으로 접하게 된 데이터로써 그를 알게 된다. 앎의 과정에서 2인칭은 생략된다. **그에 대해 앎**이 **그를 앎**을 대체한다. 디지털 시야에서 3인칭의 범위는 한계가 없다. 대형 쇼핑몰에서 소비할 물건을 선택할 때처럼 나는 3인칭의 대상을 정할 수 있다. 나의 시야가 닿는 곳이라면 어디든 3인칭의 지칭 대상에 대해 알 수 있다. 보이는 만큼 알게 된다. 그리고 딱 보이는 만큼만 알게 된다. 사람에 대한 앎은 정보의 인식으로 압축된다.

소셜 미디어에서의 스피치 역시 3인칭으로 이루어진다. 페이스북이나 트위터에 "너"라는 특정 대상을 향한 글을 게시하는 경우는 드물다. 설령 2인칭의 형태로 글을 쓴다고 하더라도 불특정 다수가 그 글을 읽을 것을 감안하고 쓴다. 유저를 향한 압도적 시선이 있는 한, 소셜 미디어의 스피치에서 퍼포먼스를 완전히 걸어내기란 불가능하다. 너에게 전하는 말은 곧 너에 대한 내 생각을 그들에게 알리는, 그들을 위한 퍼포먼스다. 2인칭은 고작 3인칭의 코스튬으로 전락한다. 우리는 누구에 대해 이야기할 뿐, 누구에게 이야기하지는 않는다.

정치인들은 TV로 비쳐지는 토론에서 결코 서로를 향해 말하지 않는다. 정치인은 상대방의 발언에 내가 어떻게 반응해야 내 지지자들의 호감을 얻을 수 있을지를 따진다. 정치인의 토론은 2인칭 토론을 빙자한 자기PR이다. 미국에서 코로나19 바이러스로 인한 사망자가 하루 천 명 가까이 발생하던 2020년 여름, 도널드 트럼프 미국 전 대통령은 다큐멘터리 뉴스 엑시오스와의 인터뷰에서 자국 내 코로나 사태의 심각성에 대한 보도를 가짜 뉴스라고 일축했다. 기자가 미국의 인구 대비 사망자 수치가 세계에서 가장 높음을 나타내는 통계 자료를 직접 제시했을 때도 트럼프는 이를 무시하고 "미국의 코로나 대응이 세계 최고"라고 단언했다. 애초에 그의 목적은 기자를 반박하거나 설득하는 게 아니라 자신의 지지자들에게 강경하고 자신 있는 모습을 보여주는 데 있었다.

SNS에서 우리는 모두 얄팍한 정치인이 된다. 서로가 서로에게 유권자가 되어 엄지척과 댓글을 투표한다. 인기의 시세에 따라 호응을 얻은 글은 시야의 전방으로 떠오르고 그렇지 못한

글은 무리 속에 묻힌다. 페이스북의 뉴스피드가 "담벼락"이라 불리는 것은 꽤 유용한 은유라고 할 수 있다. 담벼락은 소통의 장이 될 수 없다. 오히려 말 그대로 장벽이다. 담벼락에 붙인 메모는 직접적으로 상대방에게 전달되지 않는다. 애초에 상대방이 존재할 수 없다. 담벼락은 담벼락 주인의 전유물이 아니기 때문이다. 수많은 다른 "친구"들은 담벼락의 메모들을 보고 평가를 남긴다. 담벼락에서는 소통이 정체된다. 그리고 이 소통은 전적으로 3인칭으로 행해진다. 그가 그녀에 대해 한 말에 내가 반응한다. 커뮤니케이션은 가십이 되어 웅덩이처럼 고인다.

따라서 소셜 미디어에서는 문책이 불가능해진다. 문책問責은 책임을 묻는다는 뜻이다. 묻는 행위는 2인칭일 때 가능하다. 물음은 답변을 요구하는 주문이기 때문에 너를 바라보며 이루어져야 한다. 모든 물음은 일종의 명령이라고도 하겠다. 3인칭으로는 명령할 수 없다. 3인칭 스피치에서는 나에 대한 비판은 있을지언정 나를 향한 비판은 있을 수 없다. 나를 깎아내리는 세력에 대해서 나 역시 3인칭 스피치로 대응하면 그만이다. 문책과 변호의 교환 대신 담벼락의 시야 싸움에서 누가 더 시선을 잘 끄는지, 누가 더 많은 가십을 고이게 하는지의 싸움이 된다. 책임은 무리의 아우성 속에 희석된다.

2018년 미국 대법관 후보로 지명된 브렛 캐버노가 고교 시절 성폭력 의혹에 휩싸이자 각종 SNS는 그를 향한 질타와 비방으로 가득 찼다. 분명 이 네티즌들 가운데 대부분은 피해 여성 크리스틴 블레이시 포드 교수를 지지하려는 의도였을 것이다. 그러나 3인칭 시점에서 캐버노 지명자를 경멸하는 네티즌들의 의도와 2인칭 시점에서 캐버노 지명자의 사과를 받아내고자 했던 포드 교수의 의도는 엇나갔다. 캐버노로부터 직접 부당한 대우를 받은 입장이 아니었던 네티즌들에게는 그의 사과를 요구할 발화 조건이 충족되지 않았기 때문에 대신 "괴물", "강간범", "늙은 백인 남성 보수세력의 아이콘" 등의 표현을 쓰며 그의 평판을 깎아내리는 데 집중했다. 그들은 캐버노의 열등함을 강조하는 도덕적 위계의 설립에 관심이 있었다면, 포드 교수는 오히려 캐버노에게 도덕적 자격을 부여해 시인과 사과의 책임을 지우고 싶었을 것이다. 인터넷 여론이 들끓는 상황에서 캐버노는 철저히 3인칭으로 남은 채, 본인을 둘러싼 성추문을 가리켜 민주당 세력이 "계산하고 계획한 정치적 공작"이자 자신과 같은 보수층 지식인을 "수색 섬멸하려는 속셈"이라고 치부하며 정작 성폭력 혐의 자체에 대한 책임은 회피했다.[13] 그가 해당 혐의를 정면으로 부인했던 것은 포드 교수와의 2인칭 대면을 피할 수 없었던 의회 인준청문회에서였다.

2인칭에서는 자동적으로 책임이 생성된다. 나를 "너"라고 부르는 상대방을 나는 마냥 무시할 수 없다. 그는 내 주의를 요구하고, 나는 어떤 식으로든 그 부름에 응해야만 한다. 2인칭 스피치에서는 너와 내가 대화에 대한 책임을 느낀다. 그 책임은 대화의 지속과 발전을 이끄는 동력으로서 작용한다. 마치 불안이 자유의 동력이 되는 것과 같은 원리다.

3인칭은 지칭 대상을 시야로 끌어들이는 역할을 할 뿐이다. 개인과 개인의 네트워크가 연결되면서 걷잡을 수 없이 넓어지는 시야에 현대인은 열렬히 환호한다. 기술의 혁신적인 발전에 힘입어 소통의 범위가 전에 없이 확장되었다고 믿는다. 사실 이는 소통의 본질에 소홀하기 때문에 가능한 일이다.

소셜 미디어를 통한 2인칭의 소실은 아이콘택트의 하이데거적 불안을 해소하기 위해 현대인이 만든 장치라고 봐도 무방하다. 인간관계의 본질은 심연과 심연의 만남이다. 심연은 그 끝을 볼 수 없다. 상대방의 눈을 봄으로써 그 눈의 끝을 볼 수 없음을 깨닫는 것이 아이콘택트의 아이러니이자 2인칭의 본질이다. 즉 아이콘택트의 상호인지는 필연적으로 무지를 수반한다. 무지의 여백은 해석을 위한 공간을 마련하기 때문에 2인칭의 대화는 1인칭의 성찰로 귀결될 수 있다. 심연의 끝을 볼 수 없음은 심연을 해석할 수 있음을 의미한다. 2인칭이 3인칭으로 대체됨에 따라 깊이와 해석, 그리고 성찰은 사라지게 된다.

3장

관음의 보편화

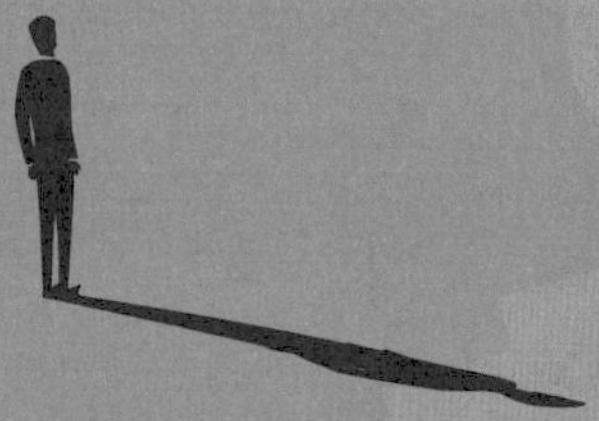

2인칭 관계의
불안과 책임을 회피해
스크린 뒤에서
서로 관음하고 관음당하는 것,

이것이 디지털 시대의
신종 사회계약이다.

눈과 손

눈과 손은 생각보다 닮아있다.

“시선강간”이라는 신조어가 있다. 음흉한 시선으로 상대방에게 성적 수치심이나 모욕감을 느끼게 한다는 뜻이다. 단순히 사람을 쳐다보는 행위를 최악의 죄질인 강간에 빗댄다는 면에서 경솔한 비유라고 생각할 수도, 성희롱에 해당하는 크고 작은 행위의 개념화 및 의식 제고를 위해 필요한 표현이라고 생각할 수도 있다. 분명한 사실은 원치 않은 손길이 신체의 자유와 근엄을 침해할 수 있듯이 원치 않은 눈길 또한 보여지는 이의 무언가를 침해할 수 있다는 점이다.

눈과 손은 예전부터 '여성에 대한 침해 수단'이라는 공통점을 가지고 있었다. 성경 신약의 마태복음은 "여자를 보고 음욕을 품는 사람은, 누구나 이미 마음으로 그 여자와 간음한 것"이라고 판결한다. 이후 대구를 이루는 5장 29절과 30절은 각각 눈과 손으로 죄를 지은 자는 눈을 뽑고 손을 찍을 것을 명한다.[14] 그리스 신화에서도 관음을 다룬 일화를 여럿 볼 수 있다. 순결의 여신 아르테미스가 숲에서 목욕하는 장면을 훔쳐본 악타이온의 일화가 대표적이다. 아르테미스는 자신의 순결이 인간 남자에게 침해당했다는 것에 노해 악타이온을 사슴으로 만들어버린다. 필시 고대인들도 순결과 관련해 손이 만질 수 없는 대상이 있듯이 눈이 볼 수 없는 대상도 있다고 생각했던 것이다.

오늘날 관음증은 성도착증의 하나로 구분된다. 그러나 소수의 이상증세로 치부하기에 관음은 인간의 공통된 열망과 너무 닮아 있다. 인간이라면 누구나 훔쳐보고 싶을 때가 있다. 그 유혹을 이겨내는 절제력, 그리고 훔쳐보기로부터 느끼는 흥분의 정도에는 물론 개인차가 있겠으나 인간의 원초적인 본능은 관음을 원한다. 따라서 관음에 대한 성찰은 인간관계의 이해를 위해 중요한 시선, 즉 **훔쳐보기**에 대한 성찰로 이어진다.

관음을 단순히 '보는 즐거움'으로 파악하는 접근에는 오류가 있다. 우리는 아름다운 풍경이나 맛있는 음식을 보고도 즐거움을 느낀다. 사물이 아닌 인간을 보는 즐거움으로 범위를 좁혀도 마땅치 않다. 우리는 잘생기거나 예쁜 얼굴을 마주하면서 충분히 흥분할 수 있다. 커플이 섹스를 할 때 서로의 나체를 보며 흥분하는 일 역시 당연하다. 이때의 '보는 즐거움'은 관음의 흥분과는 확연히 다르다.

관음의 다른 이름은 훔쳐보기, 말 그대로 보는 대상의 무언가를 훔치는 시선이다. 성경에서 경고하는 음욕의 눈빛이나 악타이온의 훔쳐보기는 순결을 훔친다. 다른 종류의 훔쳐보기도 얼마든지 가능하다. 모든 훔쳐보기는 기본적으로 보는 대상의 프라이버시를 훔친다. 훔쳐보기를 당하는 사람은 자신의 비밀을 지킬 권리, 타자의 판단으로부터 자유로울 기회를 빼앗긴다. 훔쳐보기는 금지된 시선이다. 금지의 기준을 세우는 것은 사회문화적 규범이 될 수도, 윤리 원칙이 될 수도 있다. 금지된 영역을 침범한다는 데서 훔쳐보기는 유치한 반항의 흥분을 선사한다. 그것은 흡사 높은 다리에서 밑을 보지 말라는 경고에도 불구하고 밑을 볼 때의 짜릿함과 같다. 이 짜릿함이 훔쳐보기의 일차적인 즐거움이다.

훔쳐보기는 감시의 의미를 지닌다. 훔쳐보기의 대상이 훔쳐보는 이에게 시선을 되돌려줄 수 없듯이, 감시 대상 또한 감시자를 바라볼 수 없다. 이는 피감시자가 감시 여부를 인식하고 있더라도 마찬가지다. 피감시자가 동의·인지한 감시의 경우에도 피감시자의 자유가 침해당했다고 할 수 있는지는 불명확하다. 그러나 감시자에게 피감시자의 실질적인 자유와 권리는 무의미한 형이상학적 회계에 불과하다. 감시자에게는 권력의 환상이 더 중요하다. 나는 그를 볼 수 있지만 그는 나를 볼 수 없는 비대칭성에서 오는 흥분이 훔쳐보기의 이차적인 즐거움이다. CCTV로 수감자의 일거수일투족을 관찰하는 감시자는 관음증 환자와 유사한 흥분을 느낀다. 예로부터 동서를 막론하고 권력자가 높은 건축물을 지었던 것은 결코 우연이 아니다. 높을수록 멀리 보고, 멀리 볼수록 더 큰 권력을 느끼기 때문이다. 감시자가 피감시자를 훔쳐보며 어떤 생각을 하는지 피감시자는 알 수 없다. 감시자는 일방적으로 피감시자를 객체화한다. 감시자가 피감시자를 아무렇게나 생각할 수 있는 '자유'는 엄밀히 말해 시선의 자유라고 할 수 없다. 규제적 원칙이 없기 때문이다. 무중력 공간에서 오히려 움직임이 제한되듯이, 누군가를 훔쳐볼 때 나는 그와 인간 대 인간으로서의 관계를 형성할 수 없다. 그는 나에게 사물이 된다.

눈과 손의 비유의 연장선에서 아이콘택트는 두 손의 맞잡음과 같다. 이때 만지는 것은 곧 만져짐을 의미한다. 내가 너를 향함과 네가 나를 향함이 일체화될 때 너와 나는 우리로서 교감한다. 반면에 훔쳐보기는 몰래 만지기다. 몰래 만지기의 터치는 교감이 아니라 욕망에 봉사한다. 허락되지 않은 욕망을 채워 얻은 만족은 공유될 수 없다. 만져지는 대상은 만지는 사람에 의해 주권 없는 객체 취급을 받는다. 전자는 후자의 만족을 위한 도구가 된다.

몰래 만지기는 두 사람 사이에 이뤄져야 하는 터치를 절단해 한 사람의 비행非行으로 만든다. 마찬가지로 훔쳐보기도 아이콘택트를 일방적인 시선으로 원자화한다. 훔쳐보기와 몰래 만지기는 **우리의 교감을 나의 만족으로 치환**한다는 점에서 비슷하다. 교감에서 형성되는 우리의 자유에는 관계의 예측불가성이 항상 도사리고 있는 반면에 내 자신의 욕망을 채워 만족을 얻는 자유에는 저항이 없다. 현대인은 교감에서 욕망으로 옮겨 간 자유의 매끄러움에 환호하면서도 우리가 개인으로 축소되며 우리로서 누리는 자유를 박탈당했음은 간과한다.

디지털 세계에서 눈과 손의 비유는 한 차원 더 뻗어나간다. 손이 닿은 곳에 흔적이 남듯이 디지털 시선도 흔적을 남긴다. 소셜 미디어의 시선은 '좋아요'와 조회 수로 기록되며, 인터넷 유저들의 눈이 훑고 간 유튜브 영상, 광고, 웹 주소는 알고리즘과 빅데이터에 저장된다. 시선은 여기저기 지문을 남기고 다닌다.

내가 누군가의 훔쳐보는 시선을 알아채더라도, 이는 상호인지로 발전하지 않고 나의 인식으로 끝난다. "네가 나를 보고 있음"이 아닌 "그가 나를 보고 있음"을 알게 될 뿐이다. 즉 아이콘택트는 훔쳐보는 시선과 이에 대한 3인칭 인식으로 분단된다. 훔쳐보는 시선을 인식했을 때 나의 기분에는 변화가 생기지만 새로운 관계는 형성되지 않는다. 분단된 터치는 페팅petting이다. 터치는 교감을 이끌어내는 반면 페팅은 기분을 좋게 해준다. 기분은 금세 휘발해버린다. '좋아요', 조회 수와 댓글 수는 쉽고 즉각적인 인정을 표시한다. 소셜 미디어의 유저들은 서로 훔쳐봄으로써 서로 쓰다듬는다. 2인칭 관계의 불안과 책임을 회피해 스크린 뒤에서 서로 관음하고 관음당하는 것, 이것이 디지털 시대의 신종 사회계약이다.

탈에서 얼굴로

인간은 훔쳐보기를 실현하기 위해 **탈**을 발명했다. 고대부터 탈은 각종 의식, 제사, 연극, 춤에 활용되었고 부족장이나 제사장 등 특수한 지위의 징표가 되기도 했다. 탈의 가장 기본적인 기능은 탈을 착용한 사람을 향한 **시선의 차단**이다. 탈을 쓴 자의 시선은 일방통행을 보장받는다. 아이콘택트를 절단하는 셈이다. 두 사람 간의 관계 형성에는 상호인지라는 기본 조건이 붙는다. 이는 곧 나를 향한 시선의 정체를 파악할 수 있어야 한다는 조건이다. 일방적으로 타자에게 노출되지 않을 권리, 누군가 나를 볼 때나 또한 그를 볼 권리가 바로 알아보기의 약속이다. 탈은 그 약속을 거부한다.

내가 탈을 쓰는 것은 나 스스로에게 어떤 역할을 부여해 이를 연기하기 위함도 있지만, 타인을 객체화하려는 목적이 더 크다. 탈을 꼭 써야만 연기를 할 수 있는 것은 아니다. 그러나 탈이 없는 연기자는 늘 관객과 눈을 마주칠 위험, 그로 인해 연기하는 역할을 벗게 될 위험에 노출돼 있다. 탈을 씀으로써 연기자는 관객을 보지만 관객은 연기자를 볼 수 없다. 이때 관객은 연기자에게 한정적인 역할을 부여받은 객체가 된다. 그것은 환호하고 함성을 지르는 역할이 될 수도 있고 엄숙히 감상하는 역할이 될 수도 있다. 관객은 시선의 자유를 빼앗긴다. 연기자의 정체성을 탈로 볼 수밖에 없다. 탈은 인간을 캐릭터로 만든다.

장 폴 사르트르가 자신의 실존주의 철학에서 최고의 미덕으로 내세우는 진정성authenticité의 메시지는 "캐릭터를 지향하되 캐릭터에 빠지지 말라"는 조언으로 재해석할 수 있다. 사르트르의 진정성은 자유에 대한 인지와 자유를 제한하는 사실성에 대한 인지, 이 두 가지에 기반한다. 둘 중 하나라도 망각할 경우 인간은 "나쁜 믿음mauvaise foi"에 빠지게 된다. 예를 들어 절벽에서 뛰어내림으로써 날 수 있다고 믿는 자는 주변 환경의 사실성을 무시한 채 스스로의 자유에 대해 망상한다. 반대의 예로는 사르트르의 유명한 웨이터가 있다. 그는 최고의 웨이터가 되기 위해 웨이터로서 갖춰야 하는 모습의 모든 요소에 부합하고자 철두철미하게 노력한다. 사르트르는 이 웨이터가 나쁜 믿음에서 웨이터 기능을 하는 기계를 연기하고 있다며, 자신이 웨이터 이외의 다른 역할을 선택할 가능성을 망각하고 있다고 비판한다.[15] 웨이터는 자신의 자유를 인지하지 못해 웨이터 캐릭터로 고착된다.

사실 사르트르가 말하는 "연기"의 의미는 다소 모호하다. 사르트르의 철학에서 어느 남자가 웨이터를 연기하고 있다는 것은 그 남자가 본인의 캐릭터를 웨이터로 한정 짓고 있음을 의미한다. 자신의 자유를 인지하지 못하는 데서 나쁜 믿음이 비롯되는 것이다. 그러나 통상적으로 연기라는 개념에는 연기하는 역할과 자아의 불일치에 대한 이해가 전제되어 있다. 자신이 곧 연기하는 역할이라고 진심으로 믿는 사람을 가리켜 연기한다고 표현하지는 않는다. 사르트르가 연기를 나쁜 믿음과 연결 짓는 이유가 자신의 연기를 연기로서 알아보지 못하는 연기자의 착각에서 비롯된다면, **연기하고 있음을 인지하는 연기**는 오히려 사르트르의 진정성을 적극적으로 추구하는 삶의 방식이 된다. 사실성이 허용하는 범주 내에서 자유를 만끽하기를 권장하는 사르트르의 진정성은 행동 강령이 아니라 자아성찰의 강령이다. 매 순간, 주어진 역할에 맞게 행동하되 새로운 역할 개척에 대한 가능성을 품어야 한다. 웨이터의 표본이 되기 위해 억지 웃음을 짓고 형식적인 친절을 베푸는 사르트르의 웨이터는 사실 어느 순간에나 웨이터의 캐릭터를 탈피할 수 있다. 더 좋은 직장으로 옮기기 위해 돈을 마련하는 사회 초년생, 부모 앞에서 당당하고 싶은 아들, 손님의 음식을 책임지는 보호자 등 상황에 따라 자신이 원하는 역할을 스스로에게 부여할 수 있다. 그리고 이때 웨이터는 연기하게 된다. 자신에게 없는 면을 꾸며내는 가식의 연기가 아닌, 자신의 정체성을 구성하는 여러 면 중 한 가지에 몰입하는 연기다. 몰입하면 몰입할수록 그는 진정성 있는 존재가 된다. 사실성의 강요가 아닌 본인의 선택에 의한 몰입, 그리고 언제든지 다른 역할에 몰입할 수 있다는 이해가 기반에 깔린 몰입이기 때문이다. 사르트르의 진정성 있는 인간은 연기자이자 스스로의 감독이다.

역설적이게도 우리는 항시 연기를 열심히 함으로써 진정성에 가까워진다. 이는 하이데거가 말하는 노력, 즉 "던져져 있음"에서 발견한 기준에 기대어 나의 목표를 추구하는 지향성과도 일맥상통한다. 남들과 공유되지 않는 규범이나 기준을 허공에서 끄집어내는 것은 환경의 사실성을 무시하는 나쁜 믿음이지만, 그 어떤 기준이든 나의 해석과 몰입에 따라 의미가 달라진다는 사실을 인지하는 것은 실존주의 철학에서 높이 사는 삶의 태도다.

그런 의미에서 탈이란 장치는 이중으로 진정성을 저해한다.

탈을 쓴 자의 역할 뿐만 아니라 관객의 역할까지도 규정해 버리기 때문이다. 탈을 쓴 자는 표정을 들키지 않는다. 관객과의 아이콘택트를 차단함으로써 관중을 시선의 밭으로 바꿔버린다. 언제 어떻게 바뀔지 몰라 불안하고 가벼웠던 관계에서 양 주체는 사물이 되어 가라앉는다. 탈이 만든 캐릭터는 사실성으로 변모해 관객에게 묵직하게 다가간다. 참을 수 없는 가벼움이 아니라 충분히 참고도 남는 묵직함이다. 인간과 인간의 관계는 사물적인 관계가 된다.

물론 때때로 오락 또는 의식을 위해 인간의 객체화가 필요하다. 객체화는 심지어 대인관계에서 오는 심연의 불안을 잠시 경감하는 환기 역할을 해줄 수도 있다(흔히 인간의 사물화 자체를 두고 악행의 근원으로 매도하는 잘못된 경향이 있는데, 연인의 배를 베개 삼는 것이나 아버지를 기둥에 비유하는 것 모두 사물화의 일종이다). 그러나 탈의 착용이 삶의 형태에 녹아들 정도로 만연해진다면 인간관계는 근본적으로 변질될 위험에 처하게 된다.

우리는 바야흐로 탈의 시대에 살고 있다. 탈의 시대는 곧 관음의 시대를 뜻한다. 인격체 자체가 데이터화되어서 디지털 포럼에 전시되는 시대에는 모두가 모두를 감시한다. 그리고 모두가 이 상호감시체제에 수긍하고, 오히려 환호한다. 내 정체성의 자유는 헌납하더라도 나를 제외한 모두를 관중화, 객체화할 수 있기 때문이다. 객체화는 길들인다는 것을 뜻한다. 나는 SNS에 게시하는 사진과 글을 통해 친구들의 시선을 조련할 수 있다. 내가 나를 위해 어떤 탈을 쓰는지에 따라 그들이 나를 사회적으로 깨어있는 지식인으로 보게 할 수도, 틈만 나면 여행을 떠나는 자유로운 영혼으로 보게 할 수도 있다. 마찬가지로 그들 또한 나에게 있어 화면 속에 진열된 사물이 된다. 탈은 평면적이다. 디지털 탈과 탈의 만남은 정보의 교환으로 요약되는 만큼 SNS는 단편적인 인간관계를 만든다. 타자를 평면적 캐릭터로서 대할 수 있다는 데에서 우리는 권력의 환상을 느낀다. 그는 나에게 그가 세상에 공개한 데이터, 그 이하도 이상도 아니다. 나는 그의 데이터를 마음대로 열람할 수 있지만 역설적이게도 그와 관계를 맺을 내 자유는 증발한다. 나는 데이터와 아무런 관계도 형성할 수 없다. 그럼에도 타자를 사물화해 관음하고자 하는 심리에 이끌려 디지털 시대의 새로움을 자유의 혁신으로 착각한다.

현대인은 대개 자신이 캐릭터로 박제되어 정체성의 자유를 헌납한다는 현실마저 자각하지 못한다. SNS상의 프로필은 가장 기술적이고 면밀하게 제작된 현대의 탈이다. 탈을 쓰고도 탈인 줄 느끼지 못하는 탈이다. 그 탈 뒤에 숨어서 나는 일방적인 시선으로 타자를 관음할 수 있다. 나쁜 믿음에 사로잡힌 사르트르의 웨이터처럼 나는 탈 그 자체가 되고자 갈망한다. 아니, 이미 나의 캐릭터는 타자의 시선에 사로잡혀 있기 때문에 그 불가변성 앞에 무력해진 자유를 위로하고자 캐릭터를 지향한다고 스스로 타이른다. 캐릭터의 주체와 캐릭터의 간극은 점점 사라진다. 모든 것은 무대 위로 유출된다. 현대의 탈은 착용하는 순간 얼굴을 잡아먹는다.

본래 관음에는 어떤 형태로든 양심의 가책이 따른다. 금지된 시선이기 때문이다. 탈을 쓴 사람이 그렇지 않은 사람을 대할 때 역시 시선의 비대칭성과 정체성의 기만에 대한 최소한의 가책을 느낀다. 그 가책을 덜기 위해 굳이 연극, 제사라는 예외적 상황을 만드는 것 자체가 탈의 관음적 성향에 대한 반증이다. 그러나 모두가 자발적으로 탈이 되고자 하는, 탈의 개념 자체를 삶의 형태로 녹여내는 오늘날에는 아무것도 금지된 것이 없다. 그의 사생활과 감정 상태와 이념은 그가 패션으로 착용하기에 더 이상 은밀하지 않다. 그가 자의로 헌납한 프라이버시이기 때문에 훔쳐보기는 훔치지 않는다. 2인칭의 책임과 마찬가지로 관음의 가책 역시 소실된다.

현대인의 탈은 타자에게 일방적인 시선을 행사하고자 하면서도 역설적으로 그 스스로도 타자의 시선에 기생한다. 탈은 가리는 도구이기 때문에 누군가로부터 가려야 한다. 따라서 탈은 탈로써 대중에게 노출되고 싶어한다. 물질 세계의 현실이 감각을 지닌 개인의 의식에 기초한다는 관념론을 주장했던 조지 버클리는 "공원의 나무를 보는 사람이 아무도 없다면 그 나무는 정말로 존재하는가"라는 질문을 던진다.[16] 이는 물질과 감각의 개념적 선후관계에 관한 질문이다. 우리는 정체성과 시선에 관해 비슷한 질문을 던질 수 있다. "탈을 쓴 사람을 아무도 보지 못한다면 그 탈은 존재하는가?" 여기에 대한 답으로 우리는 적어도 "보여지지 않는 탈은 탈이라고 부를 수 없다"고 답할 수 있다. 핼러윈에 코스튬을 차려 입고 혼자 방 안에 있는 사람은 없다. 열심히 프로필을 꾸민 SNS 유저가 친구 추가를 한 명도 안 하는 모순과 같다. 탈은 생존을 위해 보여져야 한다. 사람이 곧 캐릭터가 되고 얼굴이 곧 탈이 되는 시대에 탈의 무존재는 사람의 무존재까지 의미할 수 있다.

결국 훔쳐보기를 실현하기 위해 만들었던 탈은 타인의 훔쳐보기를 초대한다. 현대인은 탈을 쓴 자기 자신을 캐릭터로 전시한다. 누구나 자신을 관음하고 페팅해도 좋다는 동의의 표시다. 탈 뒤에 숨어있는 두 눈이 타자의 눈동자에 빠질 일은 없기 때문에 그는 탈이 얼굴을 잠식하는 현상을 환영한다. 개인은 다수의 펫이 된다. 수많은 사람들의 이름 없는 눈길과 손길을 즐기고 열망한다. 이는 정체성의 의존성을 초래한다. 개인은 전시되고 만져짐으로써 존재감을 얻고자 한다.

칸다울리즘

역사의 아버지라 불리는 헤로도토스의 《역사》에는 고대 리디아의 왕 칸다울레스와 그가 가장 아끼던 시종 기게스에 대한 일화가 나온다. 자신의 아내 나시아를 당대 최고의 미녀라 여겼던 칸다울레스는 기게스로 하여금 침실에 몰래 숨어서 왕비 나시아의 알몸을 보게 했다. 조용히 침실을 빠져나가는 기게스를 보며 사건의 전말을 눈치 챈 왕비는 이후 기게스를 불러, 그 자리에서 죽임을 당할지 아니면 왕을 죽이고 왕위를 찬탈할지 선택을 강요한다. 기게스는 후자를 택하고 결국 칸다울레스를 살해한 뒤 스스로 왕이 된다.[17]

얼핏 보면 기게스의 관음을 다룬 일화처럼 보이지만 이 이야기의 핵심은 기게스가 아니다. 기게스는 왕비의 몸을 보여주겠다는 왕의 제안에 죄를 지을 수 없다며 수 차례 사양했고, 칸다울레스의 강요에 못 이겨 마지못해 침실에 숨어들었다. 실제로 기게스가 왕비를 엿보는 장면은 헤로도토스의 묘사에서 아주 작은 비중을 차지한다. 기게스가 흥분이나 부끄러움을 느꼈다는 등의 심리 묘사는 일절 없다. 이 이야기의 핵심은 왕비를 관음에 노출시킨 칸다울레스다.

칸다울레스에게 왕비는 전형적인 트로피 와이프trophy wife다. 아내의 미모에 대한 인정은 곧 왕의 지위에 대한 인정이기도 했다. 칸다울레스는 자신 이외의 누군가가 알아주지 않는다면 아내의 아름다움이 무의미하다고 생각했을 것이다. 그는 기게스에게 아내를 자랑하는 데 그치지 않는다. "인간은 귀보다 눈을 더 신뢰하니 너는 왕비의 알몸을 봐야 한다"며 기게스에게 의심의 여지조차 남기지 않으려고 한다.[18] 불신에 대한 칸다울레스의 해결책은 노출이다.

칸다울리즘은 파트너의 나체를 다른 사람들에게 보여주려는 성도착증이다. 칸다울리즘의 흥분은 관음과는 달리 원초적인 본능의 언어만으로 설명하기는 어렵다. 관음증은 누구에게나 존재하는 본능이 극단적으로 표출, 심화된 증세인 데 반해 칸다울리즘은 공감하기 힘든 소수 변태의 기이한 성향에 가까워 보인다. 칸다울리즘은 원초적 욕망이 아닌 사회적 욕망인 소유욕과 과시욕을 거쳐 이해해야 한다. 대신 사물이 아닌 사람이 소유와 과시의 대상이 된다. 칸다울레스는 왕비 나시아를 자신의 소유물로 여긴다. 그리고 나시아의 미모를 과시해 자신의 지위를 인정받고자 한다. 과시의 행위는 소유 자체를 구성하는 성분이기도 한다. 과시함으로써 더 단단히 소유하게 되는 것이다. 또 소유할수록 더욱 적나라하게 과시하고 싶어진다. 이렇게 소유욕과 과시욕은 서로를 불지핀다.

칸다울리즘은 애인에게 몸매가 잘 드러나는 옷을 입도록 강요하거나 더 극단적으로는 애인의 나체 사진을 주변인에게 공개하는 등의 형태로 나타난다. 하지만 칸다울리즘에 포장된 욕구는 오늘날 생각보다 흔해졌다. 바로 **주변인을 내 액세서리로 만들고자 하는 욕구**다.

소셜 미디어는 디지털 패션의 확산을 초래했다. 내 생각과 감정, 인물 정보는 외관으로 부상해 내 자아를 대변하고 대체하는 액세서리가 된다. 칸다울리즘은 여기서 한 단계 더 나아가 타인 그 자체를 내 액세서리로 만든다. 누군가가 주변 커뮤니티로부터 인정 받고 입지가 높은 인물이라면, 내가 그와 아는 사이라는 정보는 나를 좋게 치장해준다. 이때 그가 자신에 대해 노출을 많이 하면 할수록 나에게도 이득인 셈이다. 칸다울레스가 원했던 것처럼 노출로 불신을 차단할 수 있기 때문이다. 누군가 그의 훌륭함을 의심한다면 나는 그가 자발적으로 세간에 노출한 데이터로 그의 가치를 증명할 수 있다. 내가 타인의 시선에 어필하기 위해서는 나와 아는 사이인 그가 근사한 디지털 패션을 걸치고 있어야 한다. 그리고 그는 내 디지털 패션의 일부가 된다.

요즘 대학생과 사회 초년생에게 '스펙 쌓기'만큼 큰 중압감을 주는 것이 네트워킹이다. 이제 원하는 직장을 얻거나 진로에 유용한 정보를 얻기 위해 네트워킹은 필수가 됐다. 자본주의에서 말하는 성공을 지향하는 사람의 입장에서, 그럴듯한 지인 관계는 좋은 이력 못지않은 자산이 된다. 그 지인이 경력이 많고 유명할수록 나에게 돌아오는 긍정적인 효과도 배가 된다. 그래서 현대인은 가까운 친구의 성공을 배아파하면서도 지인의 성공은 내심 기대한다. 자신이 구축한 네트워크가 자신을 돋보이게 해줄 디지털 패션이라는 사실을 감지하기 때문이다. 네트워킹의 핵심은 인간관계의 정보화·패션화에 있다.

칸다울레스가 왕비를 벗기려는 욕구와 현대인이 지인에게 디지털 패션을 입히려는 욕구는 상반된 것처럼 보인다. 그러나 디지털 패션은 많이 입으면 입을수록 노출된다는 역설에 그 핵심이 있다. 디지털 패션은 겉과 안의 구분을 지워버리고 내면을 겉으로 드러나는 정보로 추출한다. 몸에 두르는 물리적 의상과는 달리 몸을 끄집어낸다. 패션의 생태계에서 유인의 기본 원리는 유사성이다. 소셜 미디어에서는 공통점이 많은 사람들끼리 무리를 형성해 서로를 훔쳐보게 된다. 많은 패션을 걸치고 있을수록 다양한 무리에 소속될 수 있으며, 따라서 더 많이 노출될 수 있다.

현대사회에 만연한 타인의 액세서리화는 그 동기에 있어서 트로피 와이프 심리와 본질적으로 다르다. 트로피 와이프를 자랑하는 남자는 "권력 있고 부유한 남자일수록 미인을 얻어야 한다"는 묵언의 사회적 규범에 반응한다. 그 규범에 부응하기 위해 와이프를 자신의 소유물로 간주하고 과시한다. 그러나 타인을 액세서리로서 수집하는 사람은 특정 이미지에 부합하기 위해 노력하는 게 아니다. 다만 자신의 데이터를 키우고 싶을 뿐이다. 자본주의에서 부를 향한 욕구는 미덕도 악덕도 아닌, 생태의 기본 축을 이룬다. 유수풀의 흐름처럼 모두가 당연하게 여기는, 그래서 의식하지 않게 되는 지향성이다. 3인칭의 관계가 쉴 새 없이 증폭하는 네트워킹 시대에 지인의 축적은 마찬가지로 대인관계의 자명한 원리로 작용한다. 더 많은 친구와 팔로워를 축적할수록 나는 인맥 부자가 된다. 자본주의에서 "왜 부자가 되고 싶은가"라는 질문이 무색하듯이, 탈과 패션의 시대에서 "왜 지인을 수집하는가"라는 질문 역시 무의미하다. 내가 이룩한 네트워킹의 규모 자체가 내 자산이자 정체성이 된다.

존재는 본래 이분법적 개념이다. 무언가는 존재하거나 존재하지 않는다. 그러나 존재가 시선에 기생하는 디지털 탈의 경우, 존재는 정도의 개념으로 돌변한다. '더 존재한다'는 개념이 정립된다. 가령 팔로워가 많고 친구가 많은 SNS 유저일수록 더 강력히, 더 크게 존재한다. 소위 존재감이 커지는 것이다. "존재감"이라는 단어는 사전에 등록된 표준어지만, 일상에서 흔한 은어로 쓰이기 시작된 것은 비교적 최근 일이다. "나는 나를 훔쳐보는 사람들에게 있어 존재한다"는 공식은 3인칭 관계의 증폭을 통해 존재적 부의 축적을 부추긴다. 이와 같은 맥락에서 칸다울리즘은 "내가 이렇게 많은 사람들에게 존재한다"라는 영향력과 존재감의 과시이다. 2인칭 관계는 있거나 없거나 둘 중 하나인 데 반해 3인칭 관계는 끝없이 늘릴 수 있다. 나는 항상 지금보다 더 존재할 수 있다. 내가 축적한 지인은 내 존재감의 성장을 과시하는 도구가 된다.

현대의 칸다울리즘은 이해의 패러다임 또한 변화시키고 있다. 칸다울레스가 왕비의 알몸을 노출시키고 싶었던 이유는 기게스의 인정을 얻기 위함이었다. 반면에 오늘의 칸다울리스트는 서로를 이해하기 위해 서로를 노출시키기도 한다. 정확히는 서로를 이해하고 있다고 느끼기 위함이다.

기존의 인간관계에서 이해란 개념은 역지사지에 기반했다. 역지사지는 상대방이 처한 상황, 그리고 상대방의 동기와 감정을 상상하려는 노력을 의미한다. 그래서 기존의 이해는 상상의 자유를 그 가능성의 조건으로 삼으며, 또 상상의 자유는 타자의 부정성을 전제한다. 나와 다른 타자이기 때문에 상상할 수 있는 것이다.

이와 대조적으로 디지털 패션은 상상의 여백을 남겨두지 않는다. 아이콘택트 없이, 3인칭으로 서로를 접할 뿐이다. 전통적인 이해의 개념이 3인칭의 막대한 확산을 따라잡지 못하자 이해의 개념 자체가 변질됐다. 아이콘택트가 없는 3인칭에서는 서로를 상상할 수 없다. 서로에 대한 정보를 흡수할 뿐이다. 따라서 오늘날 **이해는 흡수로 귀결된다.**

《피로사회》의 저자 한병철은 성과주의 사회가 "부정성이 아니라 긍정성의 과잉으로 인한 질병"을 앓고 있다고 진단한다.[19] 봉건 체제나 억압적인 정부 등 눈에 보이는 적으로부터 자유를 지켜내야 했던 과거와 달리, 자유의 천장이 사라진 오늘 개인은 자유의 명목 아래 스스로를 착취한다는 것이 한병철의 통찰이다. 한병철이 말하는 자유는 경제적 자유의 연장선에 있다. 아무도 강요하지 않았음에도 "돈을 더 벌 수 있음"이라는 가능성의 강박 아래 자의로 야근하는 회사원은 《피로사회》의 잿빛 자유를 대표하는 이미지다. 부정성의 소실과 긍정성의 과잉은 경제적 자유를 넘어 인간관계의 자유에서도 표출되는 현상이다. 아이콘택트가 조성하는 심연의 불안은 한병철이 말하는 부정성과 맥을 같이한다. 이 부정성은 상대방에 대한 상상, 그리고 그에 대한 이해를 가능케 한다.

《피로사회》에서 모두가 "돈을 더 벌 수 있음"이라는 천편일률적인 만트라에 사로잡혀 일하듯이, 관음과 탈의 시대에는 "더 많은 눈을 거느릴 수 있음"이라는 만트라가 인간관계를 지배한다. 천편일률적인 흐름이 사회를 지배할 때 우리는 서로에게 동일자가 된다. 같은 목적과 같은 사고방식을 가지고 움직이는 것이다. 헤겔의 변증법에 의하면 합이 탄생하기 위해서는 대립과 갈등이 존재해야 한다. 테제와 안티테제의 마찰은 역사를 움직이는 엔진이 된다. 동일자만이 존재하는 사회에서는 마찰 없이 서로가 서로를 흡수할 뿐이다. 그리고 그것을 "이해"라고 바꿔 부름으로써 부정성의 소실을 외면한다. 이해의 문화가 변질되고 있는 것이다.

문화는 의미 생성의 도구이다. 같은 행동을 두고 어느 문화권에서는 예의로, 다른 문화권에서는 결례로 보는 것은 사회적 행동의 의미가 문화에 그 뿌리를 두기 때문이다. 우정에 대한 해석도 문화에 따라 다르다. 각 문화권에서 부여하는 의미에 따라 우정은 가벼울 수도, 무거울 수도, 성적일 수도, 플라토닉할 수도 있다. 네트워크의 무한 확산을 제1동력으로 삼는 문화에서 친구는 디지털 액세서리의 의미로 전락한다. 이해의 의미가 흡수로 변질되듯이, 친구의 의미를 구성하는 요소 가운데 '내가 흡수할 수 있는 부가가치'가 점점 큰 비중을 차지하고 있다. 우리는 새로운 스마트폰 기종을 대하듯이 친구를 대하기 시작한다. 업데이트된 기능은 무엇인지, 다른 사람과의 차별점은 무엇인지, 나에게 가져다 줄 수 있는 편리함은 무엇인지 등등을 분석하는 것이다. 생텍쥐페리의 어린왕자는 새롭게 발견된 별에 대해 따분한 정보만을 캐묻는 어른들의 닫힌 사고방식을 의아해한다. 그 어른들은 별의 과학적 명칭, 크기, 온도 따위의 정보를 흡수해 그 별을 이해할 수 있다고 믿는다. 그들의 이해 방식이 오늘날 사회문화의 근간으로 뿌리내리고 있는 것이다.

이렇듯 한병철이 지적하는 성과주의 사회는 인간관계의 정보화 및 자본화와도 밀접하게 연관된다. 무한한 경제적 성과와 함께 우리는 무한한 인간 데이터를 좇고 있다. 사회 구성원 모두가 새로운 패러다임에 동조할수록 개개인에 대해 수집할 수 있는 데이터는 증폭한다.

3인칭 네트워크를 관통하는 흡수의 패러다임은 아직 그 패러다임에 종속되지 않은 자들을 자석처럼 끌어들인다. 흡수자의 입장에서 볼 때 부정성에 기반한 전통적인 이해를 고집하는 사람은 흡수할 수 없는 걸림돌이 된다. 전자는 후자를 노출시키고자 한다. 그리고 노출의 방법은 역설적이게도 디지털 패션을 입히는 것이다. SNS 유저가 항상 비유저를 유저로 만들고 싶어하는 이유가 여기에 있다. 인스타그램 유저는 아직 인스타그램을 쓰지 않는 친구에게 어서 계정을 만들라고 보챈다. 심지어 지인 사이에 유튜브 채널을 추천하는 것도 크게 보아 흡수의 일환으로 해석할 수 있다. 상대방이 시청하는 채널을 알면 그의 정보를 흡수하고 파악하기 쉬워진다. 누군가를 알아가는 가장 쉬운 방법 중 하나는 그에게 내가 익숙한 정보를 입히는 것이다.

4장

조명 중독

오늘날 개인은
타자의 시선에 중독된다.
이는 곧 빛에 중독됨을 의미한다.

조명에는 끝이 없다.
항상 더 많은 조명을
벌어올 수 있다.

빛의 과잉

인간관계의 형태소로서의 아이콘택트는 점점 구시대적 산물이 되어간다. 손을 닮아가는 디지털 시선은 더 이상 인지의 역할에 국한되지 않는다. '좋아요'와 클릭·조회 수로 흔적을 남기는 시선은 그 대상을 더욱 노출시킨다. 유튜브에서는 다른 사람들이 많이 시청한 영상일수록 알고리즘의 선택을 받을 가능성이 높다. 내가 영상을 볼 때 나는 타인이 그 영상을 보게 될 가능성을 높이기도 하는 셈이다. 시선은 조명이 되어 대상을 밝히고 더 많은 시선, 더 강한 조명을 유도한다.

무대는 사적 공간을 잠식한다. 눈은 조명에 의해, 인간관계는 무대에 의해 대체된다. 조명은 인간의 캐릭터화를 가속화하는 요소 중 하나이다. 조명은 고정된 모습만을 비추기 때문에 조명 아래의 사람은 정체성의 자유를 잃고 그를 바라보는 이는 해석과 상상의 자유를 잃는다. 무대 위에서는 아이콘택트의 불안이 증발한다. 대신 조명을 잃는 것에 대한 초조함이 자리잡는다. 개인은 타인의 시선에 중독된다.

관음이 당연한 삶의 방식으로 자리잡게 된 만큼 노출증 역시 만연해진다. 디지털 패션과 탈의 생태계에서 노출은 새로운 현상을 거친다. 인간관계의 시발점은 2인칭에 있듯이, 최초의 노출 역시 2인칭에서 이루어졌다. 2인칭의 노출은 나의 내면을 너에게 보여준다. 서로를 주체로 인정한 상태에서 관계의 장벽을 허물고 진심으로 향하는 과정이다. 아이콘택트가 유도하는 노출은 완전한 이해를 부정한다. 시선이 닿지 않는 심연의 바닥이 남아있기에 데이터로 환원되지 않는 자아가 남을 수 있으며, 이는 상호주체성의 핵심을 이룬다. 모름은 앎의 가능성의 조건이 되고, 노출은 비가시성의 경계를 존중한다. '우리'의 구성원은 항상 서로에게 일정 부분 불투명하다.

반면에 오늘날 노출은 너를 향해 이루어지지도, 내면을 보여주지도 않는다. 패션의 노출은 그들을 향해 외관을 보여주는 3인칭 행위를 말한다. 패션의 노출은 해석과 부정성의 수용 등을 생략한 단순한 정보의 유통으로 귀결된다. 이제 **노출의 목적은 진심이 아니라 관심**이다. 관심을 많이 끄는 패션일수록 큰 무리를 유인한다. 큼직한 무리일수록 진실에 대한 발언권도 강해진다. 이제 진실도 유행을 탄다. 더 많이 보여질수록 더 진실하고 더 존재한다. 노출은 **진실과 존재를 구성**한다.

오늘날 노출의 형태는 소수의 무대와 불특정 다수의 관중으로 이루어진 양분적 구도를 탈피한다. 각자가 각자의 무대 위에서 조명을 받고 비춘다. 내가 타인에게 보내는 눈길은 '좋아요'와 조회 수 등의 형태로 조명이 되어 그를 돋보이게 한다. 많은 눈길을 받는 사람일수록 더 환한 조명 아래 존재하게 된다. 밝은 조명은 존재감의 척도가 된다. 현대인은 자신만의 무대와 조명을 구비한 것에 대해 혁신적인 자유를 획득했다고 환호한다. 그러나 이제 노출은 강제되고 있다. 존재가 존재감으로 대체되고 노출이 존재감을 구성하는 사회에서 보여지지 않음은 곧 죽음을 의미한다. 조명은 생존의 필수 장비가 된다. 그래서 모두가 타인의 조명을 자신의 무대로 끌어오기 위해 악을 쓴다. 인기와 관심을 얻는 희열보다는 시야에서 지워지지 않으려는 절박함이 크게 작용한다. 각자의 분야에서 상당한 권위를 누리는 전문가들도 앞다투어 유튜브에 뛰어드는 이유다. 누구든지 노출을 통해서 부와 명예를 얻을 수 있다는 유튜브 드림의 그림자에는 적자생존이 아닌 흥興자생존, 즉 재미있는 사람의 생존이라는 새로운 경쟁 원칙이 가동된다. 재미가 없는 유튜브 채널은 조회 수를 올릴 수 없고 조회 수가 없는 채널은 존재하지 않는 것과 다름없다.

유튜브에서 시선은 자본과 직결된다. 많이 보여지는 것이 곧 많이 버는 것이다. 관음·노출은 새로운 형태의 소비·생산 활동으로 인정된다. 유튜버와 구독자는 서로를 바라보지 않고 카메라와 모니터를 바라본다. 그들은 철저하게 서로에게 3자로 남으며 서로를 소비한다. 유튜브 생태계에서는 조명이 많이 비춰지는 곳이 곧 비옥한 땅이다. 그래서 조명이 절실한 유튜버는 어떻게든 자극적인 이슈에 끼어들어 스스로를 노출시키고자 한다. 연예·정치계에서 사건사고가 터질 때마다 흥미를 유발하는 각종 제목의 영상들이 무더기로 쏟아져 나오는 이유다.

링크드인과 같은 네트워킹 서비스에서도 노출은 선택이 아닌 필수다. 대안적 사실, 음모론과 프레임이 난무하는 매스 미디어에서 경쟁하는 매체들은 보다 자극적인 내용으로 눈에 띄고자 발악한다. 심지어 학계에서도 정밀한 연구를 통해 학리적으로 영양가 높은 논문을 발표하는 것보다, 자신의 분야에서 논란거리를 만들거나 스스로 대중의 캐릭터가 되어 관심을 얻으려는 전략이 두드러진다. 요즘 들어 TV출연이 잦은 학자일수록 더욱 공신력 있는 전문가 대우를 받는 것만 봐도 진실이 관심의 척도로 평가되는 것을 확인할 수 있다.

조명은 알아보기를 통제한다. 아이콘택트에서처럼 눈의 깊이를 통해 상호주체성을 자각하는 알아보기가 아니라, 철저히 모습과 외관으로만 이루어진 패션의 유사성에 반응하는 알아보기다. 아이콘택트가 이해의 대상을 알아본다면 조명은 흡수의 대상을 알아본다. 따라서 조명은 패션의 인식과 전파를 보다 매끄럽게 해준다. 칸다울리스트는 조명을 사용해 타자의 캐릭터를 밝히고 스스로의 액세서리로 장착한다.

미국의 심리학자 폴 블룸은 공감이 절대선이라는 일반적인 견해에 반발하는 《공감의 배신》에서 공감의 조명효과spotlight effect를 논한다. 공감을 도덕의 나침반으로 삼게 될 경우, 나의 공감이 미치는 영역만이 중요하다는 착각에 빠지면서 이성적인 판단을 내릴 수 없게 된다는 논리다. 마치 무대의 한 장소에 조명을 비추면 다른 곳은 상대적으로 어두워져 눈길이 가지 않게 되는 것과 같다. 블룸은 2012년 코네티컷 주 뉴타운 샌디훅 초등학교Sandy Hook Elementary에서 총격범의 총기 난사로 인해 어린 학생 20명과 교직원 6명이 사망한 사건을 되새기며 책의 서두를 연다. 샌디훅 참사는 미국 전역에서 부모·교직원들의 공감을 유발했으며, 유족을 비롯한 마을 주민들에 대한 위로와 조의의 표현으로 뉴타운 당국에서 행정적으로 처리하기 어려울 정도로 많은 양의 물질적 지원이 조달되었다. 뉴타운 당국의 만류에도 불구하고 조달된 "다량의 선물과 어린이 장난감은 커다란 창고에 꽉꽉 쌓였고, 수백만 달러 상당의 지원금이 상대적으로 부유한 동네인 뉴타운으로 유입"된 것이다.[20]

블룸은 통계적 수치만 따졌을 때 샌디훅 참사의 사망자 수는 미국 전체 살인사건 피해자의 0.1퍼센트에 불과하며, 시카고의 저소득층 지역에서 발생하는 연간 총기범죄 사망자 수보다 적다는 점에 주목한다. 이어 그는 시카고 빈민가의 갱gang 문제와 이로 인한 흑인 청년들의 죽음은 미국 대중의 인식 속에 "지속적인 배경 소음"처럼 당연지사로 자리잡았기 때문에 공감을 유도하지 못했다고 분석한다.[21] 공감을 배제한 이성적 사고에 의존했다면 유독 뉴타운에만 후원을 집중하기보다 효용이 높은 자선활동이 이루어졌을 것이라는 게 블룸의 지적이다. 어린이들의 목숨을 앗아간 자극적인 총기사고로 대중의 공감을 얻어낸 뉴타운 사건이 과도한 조명을 끌어 온 셈이다.

공감이 본래 도덕적 개념이 아니라는 블룸의 통찰은 정확하다. 공감은 즉각적으로 발생하며 변덕스럽다. 또 공감은 유사한 종족을 향해 반응하기 때문에 패션과 연관이 깊다. 시카고의 흑인 청년보다 뉴타운의 백인 어린이가 더 큰 공감을 얻을 수 있었던 이유는 대부분의 미국 사람 입장에서 후자가 자신과 더 가깝다고 생각했던 까닭도 있다. 저 너머의 진심이 사라져가는 오늘날 공감은 유사성에 대한 호응으로 정리된다. 블룸은 윤리의 렌즈에 한해 조명효과를 논했지만, 조명은 이미 현대인의 삶 구석구석에 자리하고 있다.

현대 문화는 조명이 곧 생명임을 자각한다. 현대인은 인기와 성공을 위해 조명을 원하기도 하지만 보다 근본적으로 생존을 위해 조명을 필요로 한다. 자기PR의 만트라는 자기전시를 강요한다. 소비자가 사지 않는 상품은 폐기당하듯이 남의 흥미를 끌 수 없는 인간은 무가치한 인간으로 전락한다. 우리는 서로를 소비하고 나 스스로도 소비당하고자 한다. 탈을 쓴 현대인은 항시 스스로를 팔아야 한다.

나는 타인의 조명을 내 방향으로 조정함으로써 조명을 얻는 게 아니다. 오히려 내 조명으로 **나와 같은 패션의 사람을 비춰준다.** 나와 비슷한 취향, 이념, 의견을 가진 사람들을 찾아내 호응해준다. 인터넷 커뮤니티의 시대에 무대 사이의 물리적 거리는 무의미하다. 디지털 문화부족들은 언제 어디서든 군집할 수 있다. 서로를 비춰주는 사람들의 군집은 외부에서 그들을 바라보는 시선에는 자체발광하는 광원으로 보인다. 또 그 군중 내부의 개개인에게는 조명이 절대광으로 느껴진다. 절대광은 선과 악, 정상과 비정상의 기준을 스스로 확립한다. 오늘날 플라톤의 동굴을 탈출한 철인은 오랜 시간을 들여도 진짜 태양을 알지 못할 것이다. 타인을 비춤으로써 곧 나를 비추며, 빛의 양을 가치와 정당성으로 환산하는 게 포스트모던 광합성의 메커니즘이다.

오늘날 개인은 타자의 시선에 중독된다. 이는 곧 빛에 중독됨을 의미한다. 더 진실되고 더 가치 있고 더 존재하기 위해 끝없이 조명을 갈구한다. 조명에는 끝이 없다. 항상 더 많은 조명을 벌어 올 수 있다. 나와 다른 패션보다 더 많은 빛을 받아야 나의 존재가 안전해진다. 패션화된 이념은 **다름을 욕할지언정 틀림을 비난하지 않는다.** "틀린 게 아니라 다르다"는 만트라는 다양성의 존중을 규범화하는 현대사회의 주문이다. 얼핏 보면 다양성에 대한 관용을 주창하는 것같은 이 만트라는 사실 다양성의 해체를 유도한다. 틀림은 해소되어야 하지만 다름은 그대로 방치할 수 있기 때문이다. 현대인은 오직 조명의 과잉으로써 이질성에 대처한다. 나와 다른 사람의 눈을 들여다보는 법을 망각한다.

무한한 조명 경쟁 속에서 모든 것은 가시성의 범위 안으로 들어온다. 아무리 극단적인 이념이라도 자체 구성원의 조명을 통해 최소한의 당위성은 확보할 수 있게 됐다. 일간베스트, 메갈리아 등 과격한 성향의 커뮤니티 유저들 가운데 대다수가 스스로의 비정상성을 인지하지 못하는 이유가 여기에 있다. 그들은 언제든지 동류의 유저들로부터 자신의 이상한 사상에 동조받을 수 있다. 커뮤니티의 유저들이 서로에게 호응하고 관심을 주고 받는 과정에서 그들의 가치관은 사회적 수면 위로 부상하고, 다양성이 포용하는 여러 가치관 중 하나로 스스로를 포함시킬 수 있게 된다. 이렇듯 아무것이나 음지에서 시야로 부상해도 이상하지 않은 세계에서 무엇을 내 시야로 설정할지는 순전히 내 선택의 문제로 귀결된다. 빛의 과다 속에서 나는 내 기호에 맞는 현실을 조작할 권리를 남용하게 되며 이와 동시에 그림자 속에 숨을 권리는 잃게 된다. 조명 아래의 나는 항상 내 패션, 내 캐릭터에 의해 대체된다. 나의 가치는 내가 전시한 나를 보는 사람들에 의해 결정된다. 그리고 나는 내 정체성을 사회에 유통되는 문화적 전형으로부터 다운로드 받는다. 내가 애용하는 커뮤니티와 자주 보는 사이트는 곧 나에 대한 조명이 되어 돌아와 나를 '어떠어떠한 사람'이라고 결정해버린다. 내가 자각하고 있지 않더라도 나는 나를 보는 군중의 액세서리 역할에 충실해야 한다.

20세기 초 전체주의 통치는 국민들의 시야를 빼앗음으로써 그들을 길들였다. 당시의 파시즘은 진실을 은폐한 채 대중을 오도하는 방식으로 국민성을 괴물화했다. 오늘날 팽배한 파시즘은 오히려 완전한 시야를 보장한다. 대신 조명을 통해 시력을 무력화한다. 조명이 비추고 있는 사람은 눈이 부셔서 볼 수 없다. 조명이 환할수록 빛으로 시야가 가득 채워지게 된다. 이때 그에게 시야는 '나 자신이 노출되고 있음'을 인식하게끔 해주는 역할에 불과하다. 그 결과 시야의 모든 것은 자신에 대한 확인으로 환원된다. 조명의 방향 어딘가에서 수많은 사람들이 자신을 쳐다보고 있음을 인식할 뿐이다. 그는 서서히 보는 데 관심을 잃는다. 보기는 보여짐을 확인하기 위한 수단으로 전락한다. 시야는 노출의 상태에 봉사한다. 조명은 개인의 주변을 시각적으로 밀폐된 공간으로 변화시킨다. 환하게 내리쬐는 조명 아래 모든 사물은 비춰진다는 점에서 동일해진다. 보지 않는 사람은 새로운 것을 배울 수도, 이질성에 직면할 수도 없다.

조명에 노출된 이는 자신을 향한 시선을 자신의 정체성의 뿌리로 간주하게 되면서 나르시시즘 또는 자기연민으로 빠진다. 이 둘은 동전의 양면과도 같다. 타인의 관심을 나 스스로를 사랑할 이유로 착각하면 나르시시즘에, 타인의 무관심을 나 스스로를 경멸해야 할 이유로 착각하면 자기연민에 빠진다. 어느 쪽이든 빛의 과잉에 중독된 이는 오직 더 많은 빛을 갈구하게 된다.

관례의 붕괴

오늘날까지도 철학자들이 머리를 싸매게 하는 난제 가운데 더미의 역설sorites paradox이란 게 있다. 고대 그리스 메가라 학파의 철학자 에우불리데스Eubulides가 처음 발견한 것으로 전해지는 더미의 역설은 모호성에 관한 퍼즐이다. 모래 백만 알을 모아 놓은 것은 분명 모래 더미라고 부를 수 있다. 그리고 더미에서 한 알을 빼더라도 남아있는 모래알들이 여전히 더미라는 것 역시 부정할 수 없어 보인다. 그러나 한 알씩 모래알을 빼다 보면 어느 순간 도저히 더미라고 부를 수 없을 정도의 모래알 몇 알만이 남게 된다. "더미"라는 표현의 모호성이 초래한 논리적 모순이다. 이밖에도 대머리, 나이, 색깔 등으로 같은 역설을 만들 수 있다.

언어철학자 델리아 그라프 파라는 더미의 역설에 대해 맥락민감도context-sensitivity라는 해답을 제시한다. 맥락민감도는 말 그대로 언어가 사용되는 맥락에 따라 의미가 변하는 정도를 말한다. 예컨대 학생이 책상 표면을 만지며 "평평하다"고 말하는 것과 유리공학자가 현미경으로 유리의 표면을 관찰하며 "평평하다"고 말하는 것은 완전히 동일한 의미라고 보기 어렵다. 적어도 후자의 경우 "평평하다"의 기준이 훨씬 높고 섬세할 것이다. 후자의 맥락에서 책상의 표면은 전혀 평평하지 않다. 언어에는 기본적으로 맥락민감도가 내재되어 있다. 따라서 언어를 능숙하게 사용하는 능력에는 주어진 맥락에 적합한 의미를 유추하는 능력도 포함된다. "여기 어떻게 오셨어요?"라는 질문에 "한쪽 발을 땅에 붙인 상태에서 반대쪽 발을 들어서 앞으로 내민 다음…" 따위로 답하는 사람은 언어기호의 지시적 의미는 이해했을지언정 맥락민감도는 이해하지 못한 사람이다. 이 경우 대화의 상황에 따라 "어떻게"는 여러 의미를 가진다. 차편으로 왔는지 걸어서 왔는지, 어느 길로 왔는지, 무슨 이유로 왔는지 등을 물어보는 것일 수 있다. 혹은 예상치 못한 손님이 도착한 것에 대한 놀라움의 표시일 수도 있다. 언어를 사용하기 위해서는 맥락을 봐야 한다. 말하기가 보기를 요구하는 만큼 시야는 언어에 관여한다.

파라는 화자의 관심, 또는 "목적과 바람purposes and desires"도 맥락에 포함시킨다는 점에서 맥락의 범위를 넓힌다.[22] "더미"라는 표현 역시 주어진 상황에 따라 기준이 천차만별이다. 놀이터에서 모래 장난을 하는 아이와 포크레인저로 굴착공사를 하는 인부는 각각 다른 의미의 더미에 관심을 가진다. 더미의 역설은 이와 같은 구체적인 맥락으로부터 "더미"라는 표현을 분리시키고자 한다. 파라는 더미의 역설이 시사하는 모호성의 원인을 "맥락에 대한 무지"에서 찾는다.[23] 맥락 없이 "더미"의 뜻을 고정하고자 하는 시점에서 이미 의미론적으로 무리한 질문을 던지는 것이다. 더미의 역설을 제대로 파헤치자면 모래를 한 알씩 빼고 있는 사람의 관심사를 생각해야 한다. 그는 어떤 목적으로 모래알을 빼고 있는가? 그가 관심있는 더미는 무슨 용도의 더미인가? 단순히 유명한 논리적 역설을 몸소 체험하기 위함인가? 이와 같은 상황적 요인이 설정되어야 비로소 언어 사용자의 목적과 바람을 반영해 올바른 의미론적 질문을 형성할 수 있다. 맥락이 벗겨진 언어는 기능하지 못한다.

한편, 목적과 바람 등 내면적인 요소까지 언어와 반응하는 맥락의 범위에 포함시킬 경우 빤한 문제가 보인다. **사적 언어**의 먹구름이 짙게 드리우는 것만 같다. 언어의 의미가 언어 사용자의 사적인 생각에 의존한다면, 타자의 속마음을 읽지 못하는 한 언어를 통한 의미의 공유는 불가능해진다. 예컨대 앞 예시의 유리공학자가 유리공학에 필요한 정밀한 평평함의 기준을 일상생활에도 적용하면서 "내가 속으로 이러한 기준을 생각했으니 내가 '평평함'을 말할 때마다 이 기준을 존중해줘야 해!"라고 우길 수도 있는 노릇이다.

이와 같은 사적 언어의 위협에 대해 정상적인 언어 사용을 보장해주는 것이 **관례**의 역할이다. 책상, 바닥, 벽 등과 같은 표면은 관례적으로 평평하다고 표현한다. 그리고 극소수의 상황에만 적용되는 기준을 일반적인 상황에서 적용하려고 들지 않는 것 역시 언어적 관례의 규칙으로 볼 수 있다. 관례는 행동에만 관여할 뿐 아니라 내면도 관리한다. 정확히는 행동에 관여함으로써 결과적으로 내면에까지 영향을 끼친다고 하겠다. 일상 대화의 관례에 숙련된 사람이라면 애초에 책상의 표면 따위를 이야기할 때 나노미터 단위의 평평함에 관심을 가지지 않게 된다(물론 그런 정밀한 기준이 관심사로 떠오르게 될 상황이 만들어질 수도 있으며 그 때는 보다 전문적인 대화의 관례가 활성화된다). 즉, 사적인 맥락이 관례를 좌우하는 것이 아니라 그 반대로 관례가 맥락의 타당성을 결정한다.

관례의 힘은 **서술적인 묘사로 규범적 영향력을 행사**하는 데 있다. 일상언어 철학자 스탠리 카벨은 "규범의 설립은 우리가 어떻게 행동해야 하는지(how we ought to perform an action) 지시하는 게 아니라 그 행동이 어떻게 수행되는지(how the action is done) 서술하는 것"이라며 규범의 성질을 요약한다.[24] 카벨은 부연 설명을 위해 체스를 예로 든다. 브리태니커 백과사전의 체스 항목에 기재된 체스 규칙에는 "~해야 한다should"와 같이 노골적으로 의무적인 표현을 찾을 수 없다. "폰은 이렇게 움직이고 비숍은 이렇게 움직인다"는 식으로 서술할 뿐이다. 그럼에도 불구하고 체스를 두는 사람은 이러한 묘사적 규칙에서 의무성을 읽는다. 규칙을 잘 모르는 누군가가 비숍을 대각선이 아닌 일직선으로 움직이려고 한다면 "그렇게는 안 돼!"라고 반응할 것이다.

만약 체스 규칙이 노골적으로 의무적인 표현을 사용한다면, "~해야 한다"라는 강제성을 뒷받침해줄 이유가 공백으로 남게 된다. 다시 말해, "~해야 한다"는 주장은 그래야 하는 근거를 필요로 한다. 체스를 둘 때 옆에서 고수가 "지금은 퀸을 이렇게 움직여야 한다"고 훈수를 둔다면, "왜?"라고 되물어볼 여지가 있다. 훈수의 근거는 고수가 말한대로 퀸을 움직였을 때 게임의 유불리에 따라 당위성을 평가받는다. 이에 동의하면 고수의 훈수를 따르고, 동의하지 않으면 따르지 않는다. 이와 대조적으로 "비숍은 이렇게 움직인다"는 서술적인 규칙은 "왜?"를 허용하지 않는다. 체스 기마가 규칙대로 움직이는 데는 "그렇기 움직이기 때문에" 이상의 이유가 존재할 수 없다.

카벨은 이와 같은 서술적 의무성이 일상 언어에도 스며들어 있다고 주장한다. "영어의 사용은… 어떤 맥락에서 어떤 형식이 우리가 이 언어를 사용함으로써 수행하는 행동에 규범적으로 적절한지를 아는 것이다".[25] 여기서 카벨은 체스 규칙의 규범적 권위에서 언어적 관례의 규범적 권위로 초점을 옮긴다. 비숍의 움직임에 대해 "비숍은 그렇게 움직이기 때문" 이상의 이유를 제시할 수 없듯이, 일상 생활에서 책상의 평평함에 대해 말할 때 나노미터 단위의 기준을 사용하지 않는 데에도 "사람들이 그렇게 하지 않기 때문" 이상의 이유를 제시할 수 없다. "언제 무슨 말을 해야 하는가?"라는 질문은 "사람들이 어떻게 말하는가?"로 귀결된다. 정상을 뜻하는 normal이 규범을 뜻하는 norm에서 파생된 것은 우연이 아니다. 체스 규칙과 마찬가지로 관례는 설득하려고 하지 않는다. 수용되거나 수용되지 않을 뿐이다. 관례가 권위를 지니는 이유는 사람들이 관례를 따르기 때문, 그 이상도 이하도 아니다. 따라서 사람들이 따르지 않는 관례는 더 이상 관례가 아니다.

이 지점에서 관례에 관한 불편한 진실이 수면 위로 떠오른다. 바로 관례의 권위는 숫자에 뿌리를 둔다는 점이다. 앞서 관례가 사적 언어의 우려를 잠재울 수 있는 것은 관례가 화자의 내면적 맥락에까지 관여하기 때문이라고 했다. 그러나 관례의 권위에 "다수의 사람들이 이렇게 하니까" 이상의 근거가 존재할 수 없다는 점은 다소 불편하다. 경우에 따라 상식에 어긋나는 일도 관례가 될 수 있기 때문이다.

수학 기호에 견줄만한 엄밀성을 갖춘 이상적인 논리 언어에 대한 환상을 품었던 프레게나 러셀과는 대조적으로, "의미는 곧 사용"이라는 슬로건 아래 일상 언어를 연구의 중심으로 돌리고자 했던 비트겐슈타인, 오스틴, 카벨 등의 철학자들은 하나같이 비정상의 관례화라는 위협을 외면한다. 비트겐슈타인에게 있어 삶의 형태Lebensform는 관례와 유사한 개념으로, "왜?"라는 질문을 허용하지 않으며 모두에게 당연시되는 행동과 사고방식을 일컫는 표현이다. 언어를 배운다는 것은 맥락에 따른 언어의 사용법을 터득하는 것이기 때문에 "언어를 상상하는 것은 곧 삶의 형태를 상상하는 것을 의미"한다.[26] 비트겐슈타인은 우리가 익숙지 않은 삶의 형태의 한 예시로, 독특한 방법으로 숫자 세기를 가르치는 가상의 부족을 상상한다. 이 부족의 어른들은 아이들에게 구슬을 세도록 해 20까지의 숫자를 가르치고, 그 이후에는 손짓을 통해 계속해서 숫자를 세도록 유도한다. 계속해서 숫자를 셀 수 있는 아이는 부족의 일원으로 받아들여지는 반면 "손짓에 반응하지 않는 아이는 남들로부터 격리되어 미치광이 취급"을 받는다.[27] 이 부족에서는 '20까지 세기'가 일반 사회 구성원의 중요한 자격의 한 요소를 구성하는 삶의 형태를 지닌다. 그들이 정상과 비정상을 분류하는 관례는 우리의 그것과 확연히 다르다.

비트겐슈타인은 아마 이 예시를 통해 우리가 통념상 규정하는 '비정상'의 범주에 객관적 기준이 없음을 지적하고 싶었을 것이다. 그러나 반대로 생각하면 충분히 많은 사람들이 비상식적인 삶의 형태를 따를 때, 이 또한 하나의 관례로 인정받을 수 있다는 뜻이기도 하다. 과연 이러한 비정상의 관례화가 이루어지기 위해서 얼마나 많은 사람들이 비정상적 삶의 형태를 따라야 하는지의 문제에 대해서 비트겐슈타인은 침묵한다. 그는 이 문제를 심리학자 또는 사회학자의 과제로 생각했는지도 모른다.

카벨은 언어의 사용이 "상호조율mutual attunement"에 기반한다고 설명한다. 비트겐슈타인의 용어를 빌려 말하자면, 우리가 당연시하는 삶의 형태가 당연한 것은 수직적인 객관적 근거에 그 이유가 있는 게 아니라 삶의 형태의 구성원들 간 **수평적 연계**가 존재하기 때문이다. 우리는 삶의 형태에 대해 동의하는 게 아니라agreement-about 삶의 형태 속에서 동의한다agreement-in. 여기서 '동의'의 개념은 "구체적인 상황에서 합의에 도달하는 의미로서의 동의가 아니라, 음정이나 음색, 시계, 저울, 통계표 등과 같이 전체적으로 조화를 이루는" 동의를 말한다.[28] 일상 언어는 언어 자체를 초월하는 근거에 기대지 않는다. 언어의 기반이 언어를 사용하는 사람들이라는 점에서 카벨의 상호조율은 언어의 가능성의 조건을 형성한다. 한 평론가는 카벨이 상호조율의 개념을 통해 사회 구성원들 간 "조화의 빈약함과 깊이"를 동시에 실증한다고 평했다.[29] 필시 그가 염두에 둔 "빈약함"에는 충분히 많은 사람들이 비정상적인 삶의 형태를 따르기로 결정할 경우 그 또한 정상으로 인정될 수밖에 없다는 우려도 포함되었을 것이다. 카벨은 언어적 관례가 단순한 숫자놀이보다 훨씬 심오하고 유기적인 수평적 연계를 얘기한다고 주장하면서도, 상호조율의 개념이 어떻게 수적 권위를 초월하는지 상세한 설명은 회피한다. 카벨은 지난 수천 년간 축적된 인간 문화의 공통된 삶의 형태의 권위를 간과할 필요는 없다며 위안을 삼는다.

관례는 언어를 가능케 하고 화자의 내면까지 관리하며, 이 관례의 뿌리는 숫자에 있다. 이 불편한 진실이 그다지 불편하지 않을 수 있었던 이유는 관례의 생득적 면역 체계에서 찾을 수 있다. 관례는 항상 **예외를 생성**한다. 비관례적인 행태에 대처하는 방법 역시 관례의 정체성에 내재되어 있는 것이다. 비주류 맥락이 문화에 주입될 경우, 관례는 해당 침입자를 예외로 규정하고 정해진 메커니즘에 따라 이를 주류 맥락으로 예속시킬지 수용 불가능한 예외로 남겨둘지를 결정한다.

이러한 면역은 일종의 시장 원리를 전제한다. 서로 다른 기준과 맥락의 자유로운 교류가 있어야만 주류와 비주류가 나뉠 수 있기 때문이다. 시장에서 수요가 부족하면 공급도 자연스럽게 감소하듯이, 사람들이 인정하지 않는 언어적 사용은 자연스럽게 퇴화된다. 시장의 도마 위에 오르는 것은 비단 좁은 의미의 언어만이 아니다. 정의, 예의, 상식, 과학 등 일상생활 구석구석에 녹아 있는 개념의 윤곽 역시 관례에 의해 결정된다. 여기서 관례는 단순히 현재 행해지는 방식만을 뜻하는 게 아니라 예전부터 사회적으로 축적되어 온 경험과 교훈까지도 포괄하는 의미로 봐야할 것이다. 그렇기 때문에 20세기 초 나치의 반인륜적 범죄를 목도한 현대사회는 우생학과 반유대주의 등 나치 이데올로기의 근간을 형성했던 사상을 과학의 관례 밖에 존재하는 이물질로 분류할 수 있게 됐다. 이와 같은 관례가 지배하는 사상의 시장에서 우생학 따위의 유사과학이 다시 주류 사상으로 인정될 걱정을 하지 않아도 되는 이유는 우생학에 대한 유의미한 수요가 없기 때문이다. 관례는 이물질적 사상에 대한 관심을 배제하고 억누른다. 설사 개인적으로 우생학을 믿고 이를 설파하려는 목적을 가진 사람이더라도, 유리공학자가 자신의 정밀한 "평평함"을 확산시킬 수 없는 것처럼 그 역시 자신의 내면적 관심과 목적을 공용화할 수 없다.

그러나 조명 전쟁이 팽배한 오늘은 상황이 조금 다르다. 우선, 사상의 시장은 더 이상 건전하지 못하다. 시장이 제대로 기능하기 위해서는 다름이 섞여야 한다. 그래야 수요와 공급에 따라 관례가 정착되고 관례의 면역 체계가 발동한다. 오늘날 다름은 섞이기는커녕 절실하게 같음을 모색해 분열하며 다름을 추방한다. 혼합, 즉 섞음은 개인의 입자성에 대한 시스템의 폭력으로 인식된다. 다양한 인종, 종교, 문화의 사람들이 섞여 사는 미국 사회의 은유가 용광로melting pot에서 샐러드볼salad bowl로 바뀐 것은 다양성을 존중하되 혼합을 부정하는 포스트모던 사회의 분위기를 정확히 반영한다. 혼합의 부정은 곧 예외의 부정이다. 주류와 비주류, 정상과 비정상 간의 명확한 경계가 사라짐에 따라 극단적인 사상도 국소적으로는 정상으로 가장할 수 있다. 네오나치나 음모론자는 일반 대중을 상대로 그들의 이념을 전파하기보다는 그들끼리 모여 서로의 말에 맞장구치며 그들만의 관례, 삶의 형태를 만든다.

프로파간다를 연구하는 철학자 제이슨 스탠리를 비롯한 정치 이론가들은 이러한 현상이 몇몇 편향적 언론매체에서 나타나는 것을 두고 "정보 사일로 효과information silo"라고 표현한다. 사일로는 본래 큰 탑 모양의 곡식 저장고를 칭하는 말로, 경영에서 사일로 효과는 조직 내 부서들이 사일로 여러 대처럼 분리돼 회사

전체의 효율이 낮아지는 현상을 뜻한다. 조직원들이 각자가 속한 부서 안에서의 일에만 집중하면서 부서 간 소통이 소원해지는 것이다. 스탠리는 사일로 간의 비유통성에 착안해 현대사회에서도 이견이 서로 부딪히지 않고 각자의 환경 속에서 주류 사상으로 인정받는 추세를 사일로 효과에 빗대어 비판한다. 그에 따르면 극단적인 언론매체나 교육기관은 중요한 정보를 왜곡하거나 은폐함으로써 해당 매체나 기관으로부터 정보를 얻는 이들로 하여금 "불완전한 정보를 가지고 있음에도 이 정보가 완전하다"고 믿게끔 한다.[30] 사일로는 사일로 간의 소통을 차단하는 데 그치지 않고 각자의 내부에서 정보의 포괄성에 대한 착각을 심어주는 것이다. 이 착각이 곧 프로파간다의 전조라는 것이 스탠리의 진단이다.

그러나 사일로의 비유는 완전하지 않다. 스탠리는 사일로를 형성하는 선전 매개체로서의 언론·교육기관에 집중한 나머지 사회 구성원 개개인이 이미 자발적으로 동일자를 찾아 무리를 형성한다는 사실을 놓친다. 디지털 패션과 탈의 문화는 다름을 추방한 밀폐된 공간을 본능적으로 갈망한다. 누군가 사일로를 구축하지 않아도 그들은 알아서 각자를 같음 속에 가둔다.

시장에서 생존의 기본 법칙은 보여지는 것이다. 보여지지 않는 상품은 이익을 창출할 수 없다. 디지털 패션이 통용되는 사회에서는 나와 같은 패션의 동일자만을 바라보고 그에 호응해 준다. 더 많은 눈길을 보낼수록 눈길의 대상은 더욱 노출된다. 그와 나는 패션으로 이어져 있기 때문에 그를 비춤으로써 나를 비출 수 있다. 다름을 거르고 걸러 같음만이 남아있는 덩어리의 구성원들은 서로를 비추면서 무리로서 발광發光한다. 정보 사일로에서는 사일로라는 벽에 가로막혀 사상의 교류가 끊긴다. 그러나 조명 경쟁은 사일로라는 칸막이를 필요로 하지 않는다. 교류의 단절은 사일로의 강제가 아니라 개개인의 선택이다. 사람들은 자발적으로 다름을 차단하고 같음 속에 은둔한다. 내 패션에 최적화된 국소적인 맥락이 사회 전반적인 관례보다 훨씬 매력적이기 때문이다.

이념과 스피치가 패션화되는 오늘은 내면의 목적과 바람 역시 외관으로 드러나게 된다. 내면에 대한 관례의 지배력은 이제 빈약하다. 소수의 맥락은 얼마든지 손쉽게 제조되고 흡입력을 가질 수 있다. 맥락이 개인을 통제하지 않고 개인이 맥락을 제작한다. 관례가 개인의 내면에 영향을 미치기보다는 소수의 목적과 바람이 그들만의 규범을 만든다. "이렇게 해야 한다"는 의무를 노골적으로 설명할 필요 없이, "그렇게 하"는 사람들이 충분히 모이기만 하면 된다. 대중에게 보여질 권리가 있는 사상이 대중에게 보여지는 게 아니라, 대중에게 보여지는 사상에 타당성의 지위가 소급 부여된다. 비주류의 목적과 바람을 지닌 사람도 동일자를 찾아내 서로를 비추며 빛을 낸다.

쇼핑몰에서 이미 선반 위에 전시돼 있는 물건에 대해 소비자는 "이건 팔 수 없어!"라고 말할 권리가 없다. 전시되어 있다는 것 자체로 누군가에게 소비될 상품으로서의 정당한 지위를 누린다. 판매되는 양의 차이는 있겠지만, 선반에 오른 이상 일단은 여느 상품과 동일한 자격을 지니게 된다. 오늘날 우리는 아무나 자신의 사상을 선반 위에 올릴 수 있는 사회에 살고 있다.

상호조율에서 개인조율로

포스트모던 사회는 이해에는 박하면서도 관용에는 관대하다. 2인칭의 부정성이 소실된 가운데 이해는 흡수의 의미로 전락한다. 이물질은 흡수될 수 없기 때문에 나와 다른 사람과는 애초에 교류하지 않는다. 다름은 이해할 필요 없이 무시하면 그만이다. 타자의 눈을 들여다보기보다는 동일자에게 조명을 비춰주고 흡수한다. 소수의 조명으로도 정당한 맥락의 지위를 누리기 위해서는 관용의 벽이 낮아야 한다. 그렇기 때문에 **포스트모던 사회는 모든 것을 관용하고자 한다.** 비주류를 주류 속으로 혼합해 버리려는 관례는 다름에 대한 폭력으로 간주된다. 나아가 우리마저도 너와 나에 대한 폭력으로 매도당한다. 조명 전쟁은 다름을 인정하는 데 그치지 않고 다름의 고립을 적극 권장한다. 개인은 타자를 해석하고 이해해야 할 책임감으로부터 해방된다. **관용의 다른 이름은 무책임**이다.

이념은 밈meme화된다. 오늘날 누군가의 정치성향을 알고 싶으면 그가 어떤 짤이나 영상에 '좋아요'를 누르고 공유했는지 보면 된다. 밈의 목적은 최대한 널리 퍼지는 것이다. 흥자생존의 원칙 아래 밈은 재미의 요소로 평가받기 때문에 옳고 그름의 기준에 얽매이지 않는다. 또 밈의 소비자에게는 밈을 이해해야 할 의무 또는 다른 소비자를 설득해야 할 의무가 따르지 않는다. 대신 그에게는 "이 밈을 전파할 것인가?"의 선택이 주어질 뿐이다. 밈은 아무나 쉽게 만들 수 있기 때문에 모든 밈은 관용의 대상이다. 재미없는 밈은 밈의 생태계에서 생존하지 못하므로 굳이 관용을 베풀지 않을 이유가 없다. 개개인은 자신이 보고 전파하고 싶은 밈만을 다룬다.

포스트모더니즘과 상대주의의 부상은 밀접하게 연결되어 있다. 모든 것에는 상대적인 기준이 존재한다는 사고방식은 비주류의 기준까지도 관용해야 한다는 문화적 풍토에 부합한다. 더불어 민주주의를 신성시하는 현대사회의 정치적 패러다임은 개인의 평등을 주장하는 만큼 상대주의를 지지한다. 모두가 평등하기 때문에 각자의 기준을 행사할 권리를 지닌다. 1인 1표의 원칙은 1인 1밈의 패러다임으로 번역된다. 상대주의는 일률적이고 절대적인 가치관으로부터 개인을 해방시켜준다.

그러나 상대주의는 교묘한 방법으로 사상의 형평성을 무너뜨린다. 개인은 각각의 가치와 기준을 지닐 수 있다는 면에서는 평등할지 몰라도, 노출되는 정도에 있어서는 평등하지 않다. 도널드 트럼프 미국 전 대통령이 트위터라는 즉각적이고 접근성 높은 소통 방식을 채택한 것은 상대주의의 은밀한 불평등을 이용한 전략적 선택이었다. 대통령이라는 지위의 특성상 그의 트위터에 수많은 눈길이 향할 수밖에 없다. 그 눈길은 팔로워, '좋아요', 리트윗의 개수로 드러나며 대통령의 발언은 많이 노출되는 만큼 진실로서 굳어진다. 트럼프 대통령은 트위터를 통해 불법이민자와 유색인종에 대해 터무니없는 거짓을 서슴지 않고 발설했다. 무엇을 진실로 믿을지조차 상대적인 선택의 문제로 만들어버린 상대주의의 풍토가 있기에 가능한 일이다. 이런 거짓말이 모두를 설득할 필요는 없다. 체스 규칙을 따르거나 따르지 않듯이, 대통령의 거짓말에 대한 반응은 믿거나 믿지 않거나 둘 중 하나다. 노출도가 높을수록 많이 보여지고, 많이 보여질수록 믿어진다. 높은 노출도는 숫자의 힘으로 이어진다. 같은 이유로 선정적이고 자극적인 뉴스가 더 진실로 여겨지게 된다. 뉴스는 근거를 찾으려 노력하는 대신에 시선을 끌고자 한다.

각자가 행사할 수 있는 조명의 강도에서도 불평등은 드러난다. 2010년 미국의 유명 코미디언 듀오 존 스튜어트와 스티븐 콜베어는 티파티tea-party 운동과 대안우파alt-right를 위시한 극단적인 정치세력의 부상에 맞서 "제정신을 차리기 위한 행진Rally to restore sanity"을 기획했다. 그들은 행진 홍보물에서 "큰 목소리만이 들려서는 안 된다The loudest voices shouldn't be the only ones heard"며 기획 의도를 암시했다.[31] 두 코미디언이 지적한 현상은 오늘날 더욱 심해졌다. 큰 목소리를 내고 더 강한 조명을 비출 수 있는 자들은 조용하고도 막대한 권력을 행사한다. 현대인의 시야는 갈수록 디지털 세계에 집중된다. 그렇기 때문에 인터넷의 시야를 조종하는 회사는 대중의 사상까지 조종할 수 있게 됐다. 실제로 2016년 미국 대선에 앞서 일부 세력이 페이스북과 트위터의 플랫폼을 악용해 정치적 팩트를 왜곡하고 악의적인 음모론을 전파했던 사실이 뒤늦게 밝혀졌다. 자본이 많은 회사들은 소셜 미디어 플랫폼과 결탁해 그들이 유행시키고 싶은 패션에 강한 조명을 비춘다. 빅데이터와 알고리즘의 시대에 각 유저에 최적화된 광고와 캠페인을 보여주는 것은 전혀 어려운 일이 아니다. 광고에 노출된 유저의 입장에서는 자신의 자유 의지로 의견을 형성하는 것처럼 느낄 수 있으나, 실은 보이지 않는 배후에 의해 시야의 선택을 조종당한다. 상대주의는 결코 사상의 평등을 보장하지 않는다.

이와 같이 형평성을 저해하는 요소를 인식하지 못하는 사람의 입장에서는 많이 들리고 많이 보이는 사상이 더 옳아 보인다. 조명 중독 사회는 과거의 독재정권처럼 시야를 가리기는커녕 시야를 최대한으로 확보해주기 때문에 개개인은 자신이 보는 것을 전적으로 신뢰한다. 엄밀히 말해 시야에서 '보이는 것'과 '보는 것'은 다른 개념이다. 후자는 보는 이의 선택을 전제한다. 오늘날은 보이는 것이 너무 많기 때문에 그 중에 일부만 취사 선택해 보는 것이 합리적이고 당연한 삶의 형태로 자리잡는다. 내가 선택해 조명을 비춰주는 대상들은 그 보답으로 나에게도 조명을 비춰준다. 조명이 내 눈을 직접 향할 때 내 시력은 무력화되고 나는 주변 환경에 대한 인지력을 상실한다. 내 기호嗜好에 맞는 동일자의 군집 밖에 존재하는 타자를 의식하지 못하게 되는 것이다. 이렇듯 나는 시야가 조작되는 것조차 눈치채지 못한다.

또한, 조명을 바라보는 나는 나에게 조명을 비추고 있는 사람도 볼 수 없다. 그는 나와 같은 패션의 동일자임에도 불구하고 그와 나는 교감할 수 없다. 조명이 눈을 대체함으로써 아이콘택트는 사라지기 때문이다. 나를 바라봐주고 인정해주는 사람과의 소통은 더 이상 그 필요성이 부각되지 않는다. 대신 누군가 나를 보고 있다는 사실이 나를 봐주는 사람의 존재를 압도한다. 그렇기 때문에 페이스북의 친구나 트위터의 팔로워는 나와 진정한 의미의 관계를 맺을 수 없다. 나에게 있어 그들은 내 패션의 일부에 불과하다. 나는 그들과 마주볼 수 없고 그들과 우리를 형성할 수 없다. 관계는 데이터로 요약된다.

상대주의가 무조건적으로 해로운 것은 아니다. 상대성은 비교를 암시한다. 나의 이념과 사상이 타인의 그것과 어떻게 비교되는지 충분히 숙고하는 상대주의는 이해의 여지를 남겨둔다. 이를 위해서는 내가 보고 있지 않는 시야의 구석, 즉 나만의 음지로 때때로 시선을 돌릴 줄 알아야 한다. 그러나 비교가 없이 무無기준만을 외치는 상대주의는 또 하나의, 보다 교묘한 절대주의로 이어진다. 모두가 각자의 고집을 부리며 자신만의 기준을 내세우는 사회에서 '우리'는 시들어버리고 개인은 '나'로 후퇴하게 된다. 고삐 풀린 상대주의의 폭주는 관계에 대한 신뢰를 무너뜨림으로써 공동체를 해체시킨다.

헤겔은 《정신현상학》에서 의식이 발아하는 과정의 출발점은 "감각적 확신sinnliche Gewissheit"이라고 이야기한다.[32] 이 기초적인 단계의 의식은 감각의 대상에 대해 '어떠어떠하다'고 즉각적으로 인지할 뿐이며, 따라서 지식은 감각의 대상 그 자체가 된다. 의식은 '나'를 자각하지 못한다. 감각적 확신의 핵심은 감각의 대상이다. 그러나 "여기", "지금"과 같은 지표언어에 대한 고찰은 감각적 확신의 성질을 변화시킨다. "여기에 나무가 있다" 또는 "지금은 낮이다" 같은 명제는 말하는 그 순간은 사실이지만 나무가 없는 곳으로 이동했을 때 또는 밤이 왔을 때 더 이상 사실이 아니게 된다. 그럼에도 불구하고 이 명제들을 사실로 말할 수 있는 것은 감각적 확신의 원천이 감각의 대상이 아닌 '나'라는 중재자이기 때문이다. 내가 나무 앞에 있음으로써 "여기에 나무가 있다"는 사실에 확신을 가질 수 있다. 확신의 기반은 감각의 대상에서 나의 인지로 균형을 옮겨간다. 지표언어는 의식의 자아를 깨운다.

지표언어는 맥락민감도의 극단이라고 볼 수 있다. "지금"과 같은 표현의 의미는 표현이 사용된 맥락에 전적으로 의존한다. 헤겔은 분명 지표성이 소수의 표현에 국한된 성질이라고 생각했을 것이다. 그러나 관례의 통제 없이 개개인이 자신만의 기준과 맥락을 만들어내도 무방한 오늘날의 사회는 높은 맥락민감도가 언어 전반으로 확산될 위기에 처해 있다. "과학"이라는 단어는 음모론자의 맥락에 의하면 지구온난화라는 거짓을 탄생시킨 속임수를 의미할 수도 있고, "여성평등"이라는 표현은 남성 우월주의자의 맥락에서는 여성의 사회 지배를 의미할 수도 있다. 맥락들은 더 이상 섞이지 않고 각자의 문화부족에서 사상적 지형으로 굳어진다. 여기의 과학과 저기의 과학이 달라지는 것이다.

《정신현상학》에서 "지금은 낮이다"라고 말했던 의식과 마찬가지로, 맥락민감도가 급증하는 환경 속의 개개인은 자신 스스로를 확신의 닻으로 삼는다. 확신을 객관성에 기반하기에 객관성이라는 주춧돌은 이제 심각하게 금이 갔다. 객관적이지 못한 기준에 끝없이 관대한 포스트모던 사회에서 객관성은 여러 입장 중 하나로 정리될 뿐이다. 사상에 대한 내 확신은 그 사상이 내 마음에 들었다는 이유면 충분하다. 진실도 마찬가지다. 진실은 자주성을 빼앗기고 언제 누가 어떻게 말했는지의 상황적 요소에 예속된다. 진보 성향과 보수 성향의 유튜브 채널은 각각 다른 진실을 구독자에게 판매한다.

언어에 내재된 맥락민감도의 특성상 말하기 위해 맥락을 봐야 한다고 했다. 이제 우리는 말하고 싶은 것만 말하기 위해 보고 싶은 것만 볼 수 있다. 카벨의 상호조율은 개인조율로 대체된다. 나는 세상을 내 기호에 조율한다. 내 목적과 바람에 봉사하는 언어만을 사용한다. 그 언어를 사용하지 않는 타자와는 교류하지 않으며 그를 이해하고자 노력하지 않는다. 대신 조명을 사용해 나와 같은 언어를 사용해 줄 사람들을 비추고 그들에게 비춤 당한다. 언어조차 패션이 된다. 각자가 각자의 삶의 형태를 개척해 나가기 때문에 어느 한 삶의 형태 속에서 동의하기agreement-in가 어렵다. 타자는 나와 무언가에 대해 동의할 수도, 동의하지 않을 수도 없다. 나는 나 자신의 탈관례에 대해 관대한 만큼 새로운 개척에 대해 무책임해진다. 상대주의의 소용돌이에서 내 확신을 사수하기 위해 나는 우리를 기피해 내 안으로 후퇴할 수밖에 없다.

5장

뜯어보기

내가 진실로 보는 것이
곧 진실이 된다.

진실은 자신에 대한
시선을 느끼고
그 시선을 닮아간다.

새로운 시선

장난감 로봇을 가지고 놀던 아이는 언젠가 로봇을 분해하게 된다. 그 순간 장난감을 향한 아이의 시선은 불가역적인 변화를 거친다.

로봇을 가지고 노는 아이에게 로봇은 개체성을 지닌다. 아이가 엄마를 바라볼 때 엄마의 눈, 엄마의 얼굴, 엄마의 다리 등으로 나누어 보는 게 아니라 사람으로서의 엄마를 보듯이, 아이는 로봇을 존재의 최소단위로 인식한다. 그렇기 때문에 로봇을 여러 부품으로 분해하는 순간 아이는 로봇을 더 잘게 나눌 수 있다는 사실에 놀란다. 로봇이라는 개체는 팔, 다리, 갑옷 등의 부품이라는 존재적 근거에 의존한다는 점을 깨닫는다. 부품을 잃어버리면 로봇도 불완전해진다. 전체는 부분의 인과적 결과라는 깨달음에 로봇의 개체성은 희석된다. 이는 일종의 **형이상학적 충격**이다.

분해된 로봇의 부품들은 전혀 로봇과 닮아있지 않다. 팔다리를 움직인다거나 서 있을 수 있다거나 하는 등의 로봇의 속성은 부품더미에 적용되지 않는다. 그럼에도 불구하고 부품더미와 로봇은 분명 어떤 의미에서 동일하다. "부품들이 로봇과 같다는 것을 나는 어떻게 알 수 있는가?" 이는 아이에게 인식론적 충격으로 다가온다. 부품더미가 로봇으로 진화하기 위해서는 찰흙을 빚는 따위의 형태 변화 이상의 결합이 필요하다. 아이는 구성과 해체만으로 속성이 변할 수 있음을 깨닫는다. 부품을 조금 다르게 조립하면 로봇의 모습도 변화시킬 수 있고, 창의력을 발휘하면 로봇 이외의 다른 무언가를 만들 수 있을지도 모른다. 해체와 재구성의 힘에 눈을 뜬 아이는 후에 다른 장난감을 가지고 놀 때에도 그 장난감의 원리와 가변성을 의식하게 된다. 이렇듯 개체의 해체는 가능성의 지평을 넓혀준다.

분석分析은 나누어 쪼갠다는 뜻이다. 어려운 개념의 이해를 돕기 위한 분석도 있지만, 깊이 있는 통찰을 얻기 위한 분석도 있다. 복잡한 수식의 분석은 전자, 새로운 사회적 신드롬의 분석은 후자에 해당할 것이다. 지식의 발전은 대개 두 번째 종류의 분석을 그 동력으로 삼아왔다. 분석을 하기 위해서는 우선 분석 대상의 가분성可分性을 인지해야 한다. 아이가 로봇을 완전한 개체로 보는 시선을 버리지 않는 이상, 우연의 힘을 빌리지 않고는 결코 로봇을 분해할 수 없다. 분석의 시작은 개체의 가분성을 보는 시선, 즉 **뜯어보기**다.

과학의 역사에서 뜯어보기는 항상 이해와 지식의 발전을 촉진시켰다. 이는 필연적인 결과다. 과학을 넓게 "자연현상의 원리에 대한 탐구"라고 정의할 때, 자연현상의 원리는 겹겹이 포장된 상태로 인간에게 주어지기 때문이다. 물체의 낙하를 목격한 인간은 그 관찰만으로 만유인력을 유추해낼 수 없다. "물체의 낙하"라는 현상에 더 상세한 주석을 달 필요조차 느끼지 못한다. 아이가 처음 장난감 로봇을 받을 때는 완전히 조립된 개체를 보듯이, 최초로 자연과 접한 인간은 자신이 던져진 환경에서 보이는 현상을 자연의 당연하고 온전한 실체로 간주하게 된다. 이때의 자연현상은 설명의 대상이 아니라 설명의 근원으로 자리잡는다. 뜯어보지 않는 이상 자연현상을 가능케 하는 원리는 이해할 수 없는 것이다.

해부학은 뜯어보기의 대표적인 산물이다. 해부학 이전의 인체는 가분성을 숨기고 있었다. 그때의 인간은 육체의 존엄성에 대해 지금과는 극명히 다른 개념을 가지고 있었을 것이다. 그들은 해부학을 거부한 것이 아니라 생각해내지 못한 것이다. 인체의 가분성을 보지 못했기 때문에 해부를 통한 의학 발전의 가능성 역시 보지 못했다. 최초의 해부학자는 로봇을 분해한 아이와 마찬가지로 육체의 신비는 더 작은 부위들로 설명 가능하다는 형이상학적 충격과 부위들의 유기적 결합으로 몸 전체를 이해할 수 있다는 인식론적 충격을 접했을 것이다. 기원전 1600년전 고대 이집트의 의학서적인 《에드윈 스미스 파피루스Edwin Smith Papyrus》로부터 시작된 해부학의 역사에는 언제나 의료기술의 진보가 동반했다. 특히 18세기 서양의 과학에서 해부학이 이룩한 비약적인 발전은 이전에는 베일에 휩싸여 있던 신경학 및 근골격계 질환의 이해를 돕는 데 크게 기여했다.

화학의 경우, 그 분야 자체가 뜯어보기로부터 탄생했다고 해도 과언이 아니다. 특히 구성과 결합만으로 속성의 변화를 초래할 수 있다는 점에서 뜯어보기는 곧 화학의 시선이라고 하겠다. 일상생활의 차원에서 접하는 물질과 현상을 분자 단위로 쪼개서 탐구할 수 있다는 깨달음은, 눈에 보이는 것은 물질의 본질을 담을 수 없으며 도리어 보이지 않는 것을 통해 설명될 수 있다는 깨달음을 의미했다. 화학의 시선은 물리적 지식 역시 한층 높은 차원으로 인도했다. 양자역학은 에너지를 양자라는 물리적

독립체의 최소단위로 쪼개 우주의 본질을 탐구하고자 한다. 거시적 차원에서 물체의 운동을 설명 대상으로 삼았던 고전역학을 뜯어봄으로써 새로운 이해의 패러다임이 열린 것이다.

뜯어보기가 과학에서만 활약한 것은 아니다. 철학의 여러 줄기 역시 분석과 그로 인한 통찰을 거름 삼아 성장했다. 플라톤은 《국가》에서 영혼이 이성, 영, 식욕의 세 부분으로 구성되어 있다는 영혼삼분설을 앞세워 정의와 이상적인 사회의 모습을 그렸고, 아리스토텔레스의 《니코마코스 윤리학》은 행복을 '고유 기능'과 '선의 추구'라는 개념으로 나누어 설명했다. 캔터베리의 안셀무스를 시작으로 중세 및 근대 신정론은 신이라는 개념을 논리적 명제로 분해해 신의 존재를 증명하고자 했으며, 또한 신은 죽었다고 선언한 니체 역시 《도덕의 계보》에서 선과 악의 개념을 덮고 있는 계보적 포장지를 뜯어봄으로써 도덕의 혁명을 시도했다.

물론 인간 사유의 발전이 오직 뜯어보기에 의해서만 이루어졌다면 그것은 틀린 말이다. 때로는 한걸음 뒤로 물러나 부분을 합쳐볼 때 철학의 혁명이 일어나기도 했다. 데카르트의 "생각한다, 고로 존재한다"라는 짧은 선언은 인식론과 존재론을 결합시켰다. 이 둘은 각각 "내가 지식을 어떻게 아는가?"라는 물음과 "무엇이 존재하는가?"라는 물음을 다루는데, 데카르트는 자아를 생각하는 존재와 동일시함으로써 인식을 통해 존재를 증명하고자 했다. 데카르트가 존재론을 인식론 안으로 합치려고 시도했던 것처럼, 칸트는 데카르트를 선두로 등장한 합리론과 데이비드 흄으로 대표되는 경험론을 종합해 초월적 관념론을 내세웠다. 합리론은 이성적 사고를, 경험론은 감각의 경험을 지식의 원천으로 보았다. 칸트는 두 이론 모두 결함을 지니고 있다며, 인간은 현실을 경험할 때 시공간의 형태로 인식한다는 이론을 통해 제3의 길을 제시했다. 대략적으로 말하면 합리론과 경험론의 장점을 합친 셈이다.

합치기가 가능한 것은 뜯어져 있을 때이다. 그래서 합쳐보기의 성과에는 합치기 이전의 상태를 만든 뜯어보기의 지분도 있다. 뜯어보기는 재구성을 가능케 한다. 이는 곧 형이상학적·인식론적 변화를 마련하는 준비단계이기도 하다. 장난감 로봇을 든 아이가 "이건 집이야!"라고 말한다면, 부모는 아이의 말에 별다른 의미를 부여하지 않을 것이다. 하지만 아이가 로봇을 해체하고 부품을 자기만의 방식으로 재조립해서 집의 형태를 만든다면 이야기는 다르다. 이 과정에서 로봇을 이루는 물체는 로봇의 속성은 잃고 집의 속성을 얻는다. 물질의 변화는 없음에도 불구하고 로봇은 죽고 집은 태어난다. 아리스토텔레스의 용어를 빌리자면, 특정 형상을 뜯어볼 때 그 형상을 구성하는 질료로 다른 형상을 만들 수 있게 된다. 윌리엄 워즈워스는 〈뒤바뀐 목록들The Tables Turned〉이라는 시에서 "우리는 분석한답시고 죽여버리지!We murder to dissect!"라며 모든 것을 합리적인 설명의 틀 안에서 분석하려는 당대의 계몽주의 지성을 개탄한다.[33] 수동적 배움보다는 자유로운 상상을 선호했던 워즈워스는 분석이 곧 재창조의 거름이 된다는 사실을 간과했는지도 모른다.

무언가를 뜯어볼 때, 즉 인식론적으로 재구성할 때, 그것을 향한 우리의 태도도 변하게 된다. 그리고 그것이 우리의 언어에서 차지하는 역할 역시 변한다. 로봇이 집으로 변하는 것을 본 후, 부모는 아이의 말을 이해하게 된다. 아이의 시선, 즉 아이가 말하는 맥락을 공유할 수 있게 됐기 때문이다. 뜯어보기는 언어의 상호조율을 가능케 한다. 이제 부모와 아이는 집으로 변한 로봇에 대해 이야기할 수 있다. 어떤 개체에 대해 동일한 방식으로 뜯어보는 사람은 서로 동일한 방식으로 그 개체를 이해하고 정리한다. 그들의 뜯어보기에 조율되지 않은 제3자는 그들과 해당 개체에 대해 완전한 대화를 나눌 수 없다. 시선을 공유하는 누군가가 나타나는 순간, 의사소통의 구성원이 늘어난다. 뜯어보기는 물체의 가분성과 더불어 가변성을 의식하는 시선이며, 시선의 대상을 특정 방식으로 이해하도록 안내하는 나침반이자 의사소통의 레시피로서 기능한다.

언어의 습득 과정은 위와 같은 뜯어보기의 성질을 잘 보여주는 예시라고 할 수 있다. 한국인 가운데 상당수는 국어 문법보다는 영어 문법의 용어와 더 친숙하다. 모국어와 외국어를 뜯어보는 방식이 다르기 때문이다. 아기 때부터 배우기 시작한 모국어의 경우, 상황과 맥락에 걸맞는 표현 위주로 배운다. "사탕 먹고 싶어"라고 말하는 세 살짜리 아이가 이 문장에 포함된 명사, 동사, 보조 형용사의 올바른 결합 방식을 이해했다고 하면 터무니없는 주장일 것이다. 아기는 단지 무언가를 먹고 싶은 상황에서 "~ 먹고 싶어"라는 표현을 쓰는 게 올바르다는 것을 관찰과 경험을 통해 습득했을 뿐이다. 언어를 배우는 과정은 언어의 문법적 미립자로부터 출발하지 않는다. 적어도 언어의 사용에 있어서는 맥락이 근원 개념 역할을 한다는 뜻이다. 비트겐슈타인은 이 점에 착안해 언어게임Sprachspiele이라는 개념을 정립했다.[34] 익숙지 않은 게임을 배울 때 게임에 이미 능숙한 사람의 플레이를 보면서 어느 상황에 어떤 수가 적절한지를 배우듯, 언어 또한 이미 그 언어에 능숙한 사용자를 관찰하면서 어느 상황에 어떤 표현이 적절한지 배우는 것이다.

반면에 대다수의 한국인이 영어를 배울 때는 언어를 문법적 구조에 따라 뜯어보게 된다. to 부정사, 동명사, 관계대명사, 5형식 문장 등 정작 원어민들은 대개 잘 모르는 용어를 통해 영어를 접한다. 이때 외국어 배우기는 퍼즐을 맞추는 것과 비슷한 느낌을 준다. 퍼즐을 맞출 때 정해진 자리에 정확한 조각을 놓아야 하듯이, 문법이 허용하는 위치에 걸맞는 품사와 문장성분을 놓게 된다. 이와 같은 '문법 조립' 또한 크게 보아 비트겐슈타인의 언어게임의 일종으로 볼 수 있다. 다만 '문법 조립'이라는 한 가지 게임을 잘한다고 해서 언어에 능숙해질 수 있다는 생각은 착각이다. 영어 문법은 통달했으면서도 정작 음식을 주문하거나 원어민과 사소한 대화를 나눌 때 입을 열지 못하는 사람을 심심치 않게 볼 수 있는 이유도 여기에 있다. '음식 주문하기'와 '담소 나누기'의 언어게임을 연습하지 않았기 때문이다. 다시 말해, 언어의 사용을 상황과 맥락에 따라 뜯어볼 줄 모르기 때문이다.

뜯어보기의 공유는 언어의 공유를 뜻한다. 원어민이 일상에서 사용하는 영어와 문법 조립으로 학습된 영어는 어찌 보면 다른 언어라고 할 수 있다. 원어민은 영어를 볼 때 품사와 성분으로 뜯어보지 않는다. 그렇기 때문에 전자는 후자가 말하는 외국어 학습의 어려움을 이해하기 힘들다. 마치 로봇을 집이라고 우기는 아이를 이해하지 못하는 부모처럼 말이다.

시스템,
이론과 문화

오늘날에 와서 뜯어보기는 전에 없이 중요한 시선이 되었다. 20세기 중반에 서구 사회를 중심으로 일어난 포스트모더니즘의 영향 덕분이다. 포스트모더니즘은 뜯어보기를 권장하는 데 그치지 않고 강요한다. 뜯어보지 않는 사람은 순진한 백치 취급을 받는다.

사실 "포스트모더니즘"만큼 자주 남용되는 용어도 없다. 포스트모더니즘은 정치, 철학, 예술, 과학 등 여러 분야에 걸쳐 일어난 운동이기 때문에 정확한 정의를 내리기 어려운 것은 당연하다. 적어도 철학의 서사 안에서 포스트모더니즘의 키워드는

"해체"라고 할 수 있다.

철학의 서사는 곧 회의주의의 서사였다. 철학자의 물음은 언제나 우리가 당연하다고 생각하는 진실을 겨냥했다. 그 과녁은 물리적 현실의 존재 여부, 인과관계의 당위성, 논리의 가능성 등 온갖 주제를 망라했다. 그리고 이와 같은 거센 회의주의의 풍파가 있었기에 새로운 믿음과 진실의 기반이 마련되곤 했다. 철학은 의심의 칼날을 갈면서도 자기 자신으로부터 신, 자유의지, 정의, 객관성 등 인간으로서의 삶에 필수적인 (혹은 당대에 필수적이라고 여겨졌던) 개념을 사수했다.

20세기에 이르러 회의주의는 그 정점을 찍는다. 두 차례에 걸친 세계대전은 진보와 개혁을 중심 사상으로 내걸었던 모더니즘에 얼음물을 끼얹었다. 독일과 이탈리아를 장악한 파시즘은 군중의 이성이 지닌 파괴적 잠재력을 낱낱이 드러냈으며, 인류의 자랑거리였던 기술적 발전은 대량학살이라는 비극으로 부메랑이 되어 돌아왔다. 이 역사의 굴곡점에서 인간은 스스로 빚어낸 참혹한 세계를 보며 슬픔 이상의 무언가를 느꼈다. 바로 시스템에 대한 허무함이다.

정확히는 이론적 시스템에 대한 허무함이라고 해야겠다. **시스템**이란 가장 광범위하게, 정해진 규칙에 따라 현실과 지식에 질서 혹은 의미를 부여하는 도구의 집합이라고 정의할 수 있다.

이론적 시스템은 이론, 즉 주어진 현상을 설명하거나 새로운 가치관을 정립하기 위한 일련의 명제들을 대동한다. 한마디로 특정한 뜯어보기를 체계화한 것을 이론이라 부를 수 있다. 예컨대 《정의론》의 저자로 유명한 존 롤스는 자유의 원칙과 평등의 원칙을 주축으로 "공정으로서의 정의justice as fairness"를 주창했다. 다시 기회균등의 원칙과 차등의 원칙으로 분류되는 평등의 원칙은 사회에서 존재하는 빈부격차라는 현상을 사회적 약자에 대한 혜택, 지위 상승의 기회 등의 언어로 해석한다. 이로써 그의 정의론 하에 허용되는 불평등과 허용되지 않는 불평등이 나뉘며 질서가 생긴다. 물론 자유와 평등의 원칙 외에도 롤스는 "무지의 베일veil of ignorance"과 "반성적 균형reflective equilibrium"과 같은 보조적인 개념을 통해 자신의 이론을 뒷받침한다.[35] 롤스는 정의의 개념을 사회 구성원의 기본 권리, 최약자의 이익, 지위 상승의 기회 등으로 뜯어본다. 이렇듯 **이론은 현상을 정리한다.**

한편, 모든 시스템이 이론이라는 장치에 의해 작동되는 것은 아니다. 옷장의 옷을 내 취향에 맞게 정리하는 방법 따위의 사소한 생활습관도 시스템이다. 또 공식적인 자리에서는 차려입고 동네 친구와 만날 때는 캐주얼하게 입는 것 역시 시스템이다. 두 경우 모두 이론에 의존하는 시스템이라고 보기 어렵다. 색깔과 재질이 비슷한 옷끼리 모아두는 게 편하다는 식의 이유는 존재할 수 있겠지만, 그것은 이론보다는 행동 패턴에 가깝다. 사회적 상황에 따라 옷을 다르게 입는 이유도 이론을 억지로 만들어 설명할 수 있다고 하더라도 사람들이 이론적 연역을 통해 입을 옷을 결정하지는 않는다.

내 옷장의 옷 정리 방식과 사회적 복장 규범은 각각 **습관**과 **문화**를 시스템의 축으로 삼는다. 둘 사이의 가장 중요한 차이점이라면 바로 전자는 범사회적으로 공유되지 않는다는 점이다. 나는 색상과 스타일에 따라 옷장을 정리하는 반편, 다른 누군가는 요일별로 입는 옷을 세트로 정리할 수도 있다. 반면에 비즈니스 미팅에 운동복을 입고 나타나면 안 된다는 것은 모두가 공유하는 문화적 지식이자 스킬이다. 복장에 상황적 의미를 부여하는 것은 문화의 기능 중 한 가지다. 이러한 **문화적 지식·스킬의 집합체를 문화적 시스템**이라고 일컬을 수 있다. 어린이가 청소년으로, 청소년이 사회 초년생으로 성장하는 과정은 자신이 속한 사회의 문화적 시스템을 익히는 과정과도 같다.

이론적 시스템은 설득하려는 성질을 지녔다는 점에서 문화적 시스템과 다르다. 이론적 시스템은 외부인에게 먼저 다가가 이론을 제시한다. 이론의 납득은 곧 시스템의 수용을 의미한다. 그 이론을 납득하고 믿는 사람들 사이에서 시스템은 절대적인 진리가 된다. 따라서 시스템은 옳고 그름, 사실과 거짓을 판별하는 체 역할을 하기도 한다. 진리에 대한 만인의 동의를 이끌어낼 수 있다는 점, 그리고 논리의 영역에 상주하는 이론은 사회문화적 기후에 의해 변질되지 않는다는 점이 이론적 시스템의 매력이다. 모든 이론적 시스템의 배후에는 "만인이 동일한 가치관을 가지고 살아갈 수 없을까?"라는 희망이 아른거리고 있다.

이와 대조적으로 문화적 시스템은 외부인을 설득하려고 하지도 않으며 사실과 거짓에도 관심이 없다. 비즈니스 미팅에 운동복을 입고 나타난 사람을 가리켜서 "거짓된 복장이다"라고 말하지는 않는다. 또 그 사람에게 막상 운동복을 입으면 안 되는 이유를 설명하려고 하면, 그 논리는 결국 "다른 사람들이 그렇게 하지 않기 때문에"로 환원될 수밖에 없다. 설득력이 없는 문화적 시스템은 **강제하지 않고 유인**한다. 시스템을 수용했을 때 얻게 되는 소속감과 타인의 인정, 수용하지 않았을 때 감당해야 할 눈초리 등은 전부 개인이 문화적 시스템을 익히게끔 넛지nudge한다.

20세기 이전의 서양 철학사에서는, 대개 시대별로 그 시대를 주름잡는 대세적인 이론이 존재했다. 하나의 이론적 시스템이 회의주의 앞에 무너지면 또 다른 이론적 시스템이 곧잘 대안으로 등장하곤 했다. 그래서 데카르트와 흄의 경쟁 뒤에는 칸트의 초월적 관념론이 부상해 객관성의 영역을 사수했고, 칸트 이후에는 역사성과 현상학을 도입한 독일식 관념론이 인식의 새

패러다임을 제시했다. 그러나 20세기 중반에 이르러 인간은 그 어떤 종교, 윤리, 정치도 비극을 원천봉쇄할 수 없음을 느끼게 된다. 그리고 이 무기력함을 납득하기에 이른다. 회의주의에 맞서 싸우거나 피하지 않고 오히려 회의주의를 꿀꺽 삼킨 셈이다.

회의주의의 수용이 패배주의로 직결된 것은 아니다. 이론적 시스템 자체에 대한 신뢰가 회복 불가능한 수준으로 떨어진 인간은 중대한 기로에 놓였다. 첫 번째 길은 모든 이론은 실패할 수밖에 없고 모든 것이 무의미함을 인정한 채 껍데기 뿐인 삶을 살아가는 것이었다. 두 번째 길은 이론적 시스템이 하던 역할을 개인의 차원에서 대행하는 것이었다. 이론은 다수에게 공유되고 수용되어야 그 효력을 발휘한다. 그러나 군중이라는 괴물이 어떠한 파괴력을 지녔는지 목격한 인간은 다수보다 개인을 우선시하게 된다. 시스템에 대한 허무함은 곧 개인에 대한 신앙을 부채질했다.

이론은 특정한 뜯어보기를 체계화한다. 공리주의와 의무론은 각각 다른 방식으로 윤리를 뜯어본다. 시스템을 불신하기 시작한 개인은 누구나 각자의 방식으로 사회를 뜯어볼 수 있음을 자각하고 이를 적극적으로 실천하게 된다. 내가 나만의 가치를 창시해 이에 따라 삶에 의미를 부여할 수 있다. 이론적 시스템이 설득을 통해 소속을 강제하듯이, 나 또한 설득을 비롯한 여러 가지 수단을 통해 내 가치를 확산시킬 수 있다. 그리고 시대를 주름잡는 주도적인 이론적 시스템이 부재한 상황에서 개인이 창조한 가치는 다른 개인의 가치와 경쟁할 뿐이다. 이 경쟁은 곧 어느 가치가 더 많은 추종자를 확보하느냐, 즉 가치의 **문화적 번식 경쟁**으로 압축된다.

조명 중독 사회에서 개인의 세력은 가히 미니 시스템이라 칭할만하다. 타인이 나를 보도록 강제하는 것은 어렵지만, 내가 나와 같은 패션의 무리를 비춰줌으로써 나에 대한 시선을 유도하는 것은 쉽다. 포스트모던 사회의 개인은 부정성을 전제하는 우리의 이해를 기피해 같은 뜯어보기를 공유하는 무리의 빛 속으로 흡수되고자 한다. 더 이상 하나의 무대와 하나의 조명만 존재하는 시스템은 없기 때문에, 개인의 특유한 뜯어보기도 충분히 국소적 문화로서의 지위를 누릴 수 있게 된다.

시스템의 몰락과 개인의 성장은 니체를 비롯한 실존주의 철학의 후렴을 이룬다. 니체 역시 사회적 계율을 뛰어넘는 초인übermann의 이미지를 통해 창조적 파괴의 실천을 종용했다. 니체의 초인은 절대적인 가치가 사실은 전혀 절대적이지 않은 근원을 두고 있음을 알아본다. 한마디로 절대적인 가치를 뜯어보는 것이다. 《도덕의 계보》에서 니체는 당대를 지배했던 기독교적 선과 악의 개념이 사실은 주인과 노예 간의 대립 과정에서 탄생한

르상티망ressentiment이라고 지적한다. 노예가 자신의 억압받는 지위를 정당화하고 상위 세력에 대해 "허상의 복수"를 행하기 위해 스스로를 선, 주인을 악으로 평가하는 것이 바로 기독교적 가치관의 기반이라는 주장이다.[36] 도덕의 계보학은 그 제목에서 암시하는 바와는 달리 역사적 사실성에 무게를 두지 않는다. 선과 악이라는 개념이 이런 계보로 탄생했을 수도 있다는 가능성, 즉 통상적인 도덕의 가분성을 제시하는 것만으로 충분히 기독교 계율의 근간을 뒤흔들 수 있었다. 시스템은 항상 절대성의 망토를 두르고 있지만, 시스템을 뒷받침하는 이론의 실상은 노예 집단의 거대한 인지부조화에 불과하다고 주장함으로써 개인이 직접 자신의 가치관을 찾아 나설 것을 강조한 것이다.

두 차례의 세계대전을 직접 목격한 사르트르 역시 시스템에 대한 무분별한 복종을 나쁜 믿음의 한 종류로 구분하면서, 시스템의 욕구를 자신의 욕구로 내면화하는 것에 대해 경고한다. 내가 원하는 것이 정녕 내 자유의지의 산물인지, 아니면 시스템의 이론을 내 주체적인 사고로 착각한 결과인지 항상 성찰하라는 주문이다.

그러나 포스트모더니즘의 회의주의와 개인주의는 실존주의 철학이 실천하려는 삶의 방식과는 크게 두 가지 측면에서 차이가 있다. 첫째, 실존주의 철학은 규범과 계율의 초월을 주문하면서도 사회적 규범과 개인의 가치 사이에 위계를 둔다. 사회적 규범은 개인의 선택과는 무관하게 존재하며, 그 환경 속으로 개인은 던져진다. 개인이 니체나 사르트르의 방식으로 사회초월적인 가치관을 형성하기 위해서는 우선 자신이 무분별하게 흡수한 사회의 가치를 파괴할 줄 알아야 한다. 그 몰락의 과정을 거친 뒤에야 삶의 주체성을 되찾을 수 있다. 그렇기 때문에 어찌 보면 역설적이게도 니체와 사르트르가 말하는 삶의 주인은 결국 그가 뿌리치려 했던 환경에 뿌리를 두고 있다. 이때 사회적 규범과 개인의 가치는 필연적으로 다른 범주에 속한다.

반면 20세기 중후반부터 오늘날에 이르기까지 개인의 위상은 민주주의의 확산, 정보시대의 도래, 그리고 무엇보다 이론적 시스템의 몰락 등으로 인해 한껏 높아졌다. 이제 개인의 가치는 사회의 가치와 동등한 위치에 있다. 오히려 사회는 개인의 가치를 존중해주어야 할 의무를 지닌다. 개인은 조명 전쟁을 통해 국소적 환경을 자신에게 조율시킨다. 개인의 변덕이 사회의 변화를 이끈다. 사회적 규범이 개인의 가치를 형성하고 지탱했던 기존의 패러다임과는 사뭇 대조적이다. 내가 나의 방식대로 무언가를 뜯어볼 권리는 사회의 규범에 구속되지 않는다.

오늘날의 시스템은 실체가 없다. 시스템은 다수의 뜯어보기를 요약하는 가주어 역할을 할뿐이다. 포스트모던 사회가 관용에 관대한 만큼 모두의 뜯어보기는 타당하다. 어떤 시선이 타당하지 않다고 단정지을 이론의 잣대가 없기 때문이다. 그렇기 때문에 극소수의 집단이 사회를 바라보는 시선도 다수가 사회를 바라보는 시선과 마찬가지로 그 타당성을 인정받게 된다. 민주주의의 관점에서 볼 때 이는 다양한 배경의 사람들이 공존하는 공동체에서 다수에 의한 소수의 억압을 예방하기 위해 필수적이다. 그러나 다른 한편으로는 네오나치 세력이나 여타 극단적인 집단의 이념을 잠재울 소화기 또한 없음을 의미하기도 한다. 그들은 앞서 설명한 조명의 메커니즘을 이용해 자체 발광의 환상을 만들어 그들만의 맥락, 언어, 가치관—즉, 그들만의 국소적 문화를 생성한다.

시스템이라는 가주어는 결국 개인의 합을 지칭한다. 즉 다수의 가치는 개인의 가치를 단순 합산한 결과다. 실존주의 철학에서는 사회적 규범이라는 장애물을 뜯고 부상한 초인이 삶의 주체성을 회복했다면, 오늘날 개인의 가치는 애초에 부정성에 맞서 싸울 필요가 없다. 설명의 방향성 또한 집단의 규범이 개인의 가치를 설명하는 방향에서 그 반대로 역전된다. 어느 이론도 다른 이론에 대해 논리와 진실의 영역에서 우위를 점할 수 없기 때문에, 각 집단의 상이한 시선은 결국 **숫자싸움**이 되어버린다. 이론에 관한 담론은 사라지고 밈의 번식이 문화적 생태계를 좌

우한다. 오늘날 시선은 설득의 논리가 아닌 **수적 우열**에 의해 움직인다.

가루진실

실존주의가 추구했던 개인의 형상과 오늘날 자리잡은 개인의 그것 간에는 두 번째 중요한 차이점이 있다. 바로 사르트르가 말한 사실성facticité의 윤곽이다. 사르트르의 사실성은 파고들수록 그 개념이 모호하다. 개인의 자유에 어떤 방식으로든 한계를 설정하기 위해 편의상 발명한 정체불명의 포괄적 용어라는 느낌마저 든다.

가령 다리가 불편한 장애인이 산을 오를 때 자신의 신체적 불편함과 산의 가파른 경사는 모두 단단한 사실성의 벽으로 다가온다. 만약 그 사람이 시도조차 하지 않고 "이 산은 절대 오를 수 없을 거야"라며 포기한다면, 그는 스스로의 자유를 사실성에 굴복시키는 나쁜 믿음을 범하게 된다. 한편, 타인의 시선이나 고정관념 또한 물리적 벽 못지 않게 누군가를 억압할 수 있는 법이다. 예를 들어 "다리가 불편한 장애인은 등산할 수 없다"는 편견은 사실성으로 분류해야 할까?

사르트르는 아마 그렇다고 대답할 것이다. 단, 그 편견과 어떠한 관계를 맺을지는 자유의 권한으로 남겨둘 것이다. 주변의 시선을 그대로 받아들여 자신의 관점으로 내면화하는 사람은 나쁜 믿음에 빠지고, 주체적으로 그 편견의 정당성을 판단하고 이를 바탕으로 등산할지 말지 결정하는 사람은 진정성 있는 선택을 하게 된다. 이렇듯 사르트르는 사실성을 구성하는 환경에 비물리적 관습, 규범, 고정관념 등까지 포함시키며, 이를 해석하고 여과시키는 과정에서 개인의 선택을 강조함으로써 자유의 존엄을 변호한다.

그러나 인터넷 커뮤니티와 조명 전쟁의 시대를 경험하기 전에 별세한 사르트르는 그가 생각한 관념의 사실성이 얼마나 물렁해질지 예견하지 못했다. 사르트르가 그렸던 개인의 형상은 관례라는 사실성의 벽에 둘러싸여있다. 이 관례의 벽은 사회 전반적으로 통용되는 상식, 가치관, 기대치 등을 아우른다. 그러나 뜯어보기를 강요하는 포스트모던 사회에서 객관적 사실성은 커뮤니티의 기호에 따라 뜯기고 뜯겨 **가루가 된다.** 인터넷 커뮤니티는 사실성의 벽을 초월한다. 오히려 벽을 **가루더미**처럼 주물럭거린다. 또 내가 아무리 극단적이고 희귀한 가치관을 지니고 있어도 인터넷을 이용해 손쉽게 나와 비슷한 사람들을 찾아내 조명으로 비출 수 있다. 주변 환경과 나 사이의 이질성을 조율할 필요 없이, 애초에 나와 동일한 사람들로 이루어진 환경을 소환한다. 인터넷에서 환경과 공동체의 개념은 유연해진다.

이러한 유연성은 음모론의 양성에 매우 우호적인 조건을 형성한다. 음모론이 영향력을 행사하기 위해서는 정당성의 모습을 취할 필요가 있는데, 그 정당성의 모습은 해당 음모론을 지지하는 세력의 결집에 기인한다. 오프라인에서는 음모론 세력의 결집이 어렵다. 상식에 어긋나는 음모론은 애초에 유통되기 어려울 뿐더러 음모론자가 서로를 알아볼 기회도 적기 때문이다. 한편 물리적 장소를 초월하는 공간을 제공하는 인터넷에서는 음모론자들이 너무나도 쉽게 군집한다. 그들은 숫자를 통해 스스로에게 정당성을 부여한다. 또한 타자로부터 보호된 밀폐된 공간을 형성함으로써 만장일치의 환각을 구현한다. 오프라인에서와는 달리 진실의 사실성에 구애받지 않는 것이다. 그들은 모래가루를 원하는 모양으로 만들어내듯이 그들만의 사실성, 즉 **가루진실**을 제조해낸다.

조명 전쟁이 동일자끼리 군집하는 메커니즘을 설명한다면, 뜯어보기에서 기인한 공동체의 유연성은 동일자끼리 군집하고자 하는 동기를 확연히 보여준다. 현대인은 자신의 뜯어보기를 사실로 만들 수 있음을 자각한다. 관례와 이론에 의해 이물질, 거짓으로 취급 받던 음모론자들은 자기들만의 힘으로 실제 진실과 경쟁할 수 있음을 깨닫고 이를 악용한다.

지구평면설을 주장하는 플랫 어서Flat Earther들의 온라인 커뮤니티에는 잘못된 이론을 교정해 줄 시선이 없다. 이질성을 차단해 동일자만이 모인 공간은 만장일치의 환상을 심어주고 이 환상은 곧 진실이라는 위상을 얻는다. 진실마저 패션화되기 때문에 진실의 모습은 진실의 실체와 동일시된다. 진실에 대한 실용적인 정의를 "나와 내 주변 사람들이 동의하는 내용"이라고 내린다면, 플랫 어서에게 있어 지구가 평평하다는 이론은 진실이 되는 것이다. "진실"은 커뮤니티에 민감한 지표적 단어가 된다.

실제로 우리는 이미 진실에 대해 위와 같은 느슨한 관념만을 탑재한 채 생활한다. 수많은 철학자들이 "진실은 무엇인가?"라는 물음에 앞다투어 해답을 제시했으나 어느 한 가지 이론이 명백하게 지배적이지는 않았다. 설령 정답이 있다 하더라도 일상에서 고차원적인 철학적 사유를 통해 진실과 거짓을 판별하는 사람은 없다. 우리가 무엇을 진실로 여기는지는 최소한 부분적으로 타인이 무엇을 진실로 여기는지의 함수로 결정될 수밖에 없다.

삼인성호三人成虎라는 말이 있다. 헛된 말도 여럿이 반복하면 진실처럼 여겨지게 된다는 뜻이다. 그러나 이 사자성어의 기저에는 거짓 소문과 진실을 가려낼 기준이 존재하며 거짓을 믿는 이들도 진실을 확인한 사람들에게 충분히 노출됨으로써 거짓을 거짓으로 알아볼 수 있다는 믿음이 전제되어 있다. 실제로는 세 명이 짜맞춘 말이 호랑이를 이룰 수 없기 때문에 삼인성호는 재치 있는 과장의 수사修辭로 다가온다. 그러나 만약 거짓 소문을 믿는 사람들이 진실을 아는 사람들과의 교류 자체를 거부한다면 어떨까? 나와 다른 관점과 가치를 가진 사람과 소통하는 것은 피곤한 일이다. 설령 그것이 배움의 기회라고 할지라도 말이다. 나와 내 환경 간의 관계에서 부정성을 밀어내 버리고 긍정성으로 꽉꽉 채우고 싶은 것은 인간의 당연한 욕구 중 하나이다.

인터넷 커뮤니티는 이런 욕구를 전에 없던 수준까지 충족시켜준다. 이로써 삼인성호의 뜻은 변질될 수밖에 없다. 셋의 말은 실제로 호랑이를 이룬다. 손을 닮은 눈은 보고 싶은 모양대로 가루진실을 빚어낸다. 여럿이 힘을 합치면 거짓도 진실이 될 수 있다. 정확히는 진실의 기능을 도용하게 된다.

개인이 진실을 받아들이는 것은 그의 행동 및 삶의 방식으로 드러난다. 온라인 상에서 지구온난화를 부정하는 사람들이 커뮤니티를 형성한다면, 적어도 그들 사이에서만큼은 "지구온난화는 일어나고 있지 않다"가 진실로서 통하며, 그렇기 때문에 탄소배출 감소에 무신경한 생활 패턴을 지속한다. 과학적인 증거로 그들을 설득하려는 시도는 무의미하다. 그들 사이에서는 커뮤니티 외부의 과학조차 거짓 과학으로 치부할 수 있는 인지적 도구가 통용되기 때문이다. 커뮤니티의 기준으로 지구온난화 과학은 특정 정치세력이 꾸며낸 음모로 전락한다. 커뮤니티 구성원은 이질성 자체를 회피한다. 동일자밖에 남지 않은 커뮤니티 내에서의 언어를 만들고, 그 언어상 "진실"과 "거짓"이 의미하는 바를 통제한다.

사실 인터넷 "커뮤니티"라는 말 자체가 많은 의미를 내포한다. 커뮤니티는 문화를 양산할 수 있는 최소한의 사회 단위다. 통상적인 커뮤니티라면 때로는 상충하는 다양한 가치관을 지닌 구성원들이 서로 부딪히고 합의하면서 모두에게 납득이 가는 규범이 세워진다. 그 규범의 준수는 커뮤니티에 계속해서 소속되기 위한 암묵적 조건이다. 즉 의무성을 생성하는 규범이다. 그러나 인터넷 커뮤니티는 의무로 결속되지 않고 구성원 각각의 자율로 결성된다. 각자가 따르고 싶은 규범, 진실로 간주하고 싶은 이론을 취사선택해 이를 중심으로 몰려들고, 충분한 다수가 모였을 때 커뮤니티의 지위를 얻는다. 오늘날 우리는 **진실을 쇼핑**한다. 진실은 문화적 시스템의 관할이 된다. 의미생성 도구로서의 문화는 **진실의 의미를 가루처럼 주물럭거린다.**

굳이 음모론 생성과 같은 목표로 커뮤니티를 찾는 사람이 아니더라도, 소셜 미디어 유저는 자연스럽게 사실성의 가루화에 일조한다. 이는 모두가 자발적으로 자신의 정체성을 디지털 패션으로 공개하고 모두가 서로를 감시할 수 있는 세상이 도래했기 때문이다. 개인의 디지털 패션에는 자신이 세상을 뜯어보는 시선에 대한 정보도 포함되어 있다. 비슷한 패션의 사람들은 서로를 유인한다. 아이콘택트의 관계 수립을 생략하고 데이터 대 데이터로서 만나는 온라인 프로필의 관계에서는 유사성이 곧 친밀함의 척도가 된다. 나는 본능적으로 나와 같은 시선의 사람들을 물색하게 된다.

한편, 호감은 진실의 척도가 된다. 소셜 미디어의 그룹은 생득적으로 동종성을 띈다. SNS에서는 아무리 논란이 많은 주제의 글이라도 '좋아요'와 같은 긍정적인 반응이 지배적인 신기한 현상을 관찰할 수 있다. 이유는 생각해보면 당연하다. 애초에 비슷한 사람들끼리 서로를 SNS친구나 팔로워로 추가했을 가능성이 클 뿐더러, 가치관이 확연히 다른 사람은 그런 글에 아예 반응 자체를 안 하기 때문이다. 의견은 섞이지 않고 분리된다. 동종끼리 분리되었기 때문에 한 구성원의 의견 표명은 주변 구성원의 호감을 보장받는다. 그리고 그 친구그룹 사이에서 '좋아요'의 개수는 곧 진실의 정도를 나타낸다.

알고리즘의 발전은 이러한 현상을 부추긴다. 온라인상의 시선은 갈수록 정밀한 흔적을 남긴다. 내가 무엇을 보고 있다는 정보 자체가 데이터로서 기록된다. 2020년에 공개된 〈소셜 딜레마The Social Dilemma〉라는 다큐멘터리는 소셜 미디어 사이트들이 광고를 필요로 하는 회사와의 긴밀한 협업을 통해 소셜 미디어 유저의 중독을 유도하는 치밀한 과정을 폭로한다. 타 유저의 프로필을 보는데 소비하는 시간, 친구에게 답장하는 속도, 즐겨보는 영상, 서치엔진에서의 검색 내용 등 유저에 대한 방대한 양의 데이터를 통해 각 유저의 관심을 끌만한 서비스를 제공한다. 이는 아무나 간단한 실험을 통해 확인할 수 있다. 한번 특정 정치성향의 유튜브 영상을 시청하게 되면, 계속해서 같은 성향의 영상이 추천 리스트에 뜨게 된다. 페이스북에서도 내가 한 친구나 그룹의 페이지를 자주 확인하면 해당 페이지의 소식이나 그와 관련된 광고가 더 자주 뉴스피드에 뜨게 되는 알고리즘이 사용된다.[37] 유저의 입장에서는 알고리즘의 손을 거친 시야가 곧 현실 그 자체가 된다. 내가 진실로 보는 것이 곧 진실이 된다. **진실은 자신에 대한 시선을 느끼고 그 시선을 닮아간다.**

온라인상에서 내가 활동을 많이 하면 할수록 더 많은 자취를 남기게 되고, 그럴수록 나는 동일자의 밀폐된 환경으로 흡수된다. 나와 다른 가치관을 지닌 누군가는 또 그를 위해 최적화된 동일자의 공간으로 유인된다. 그 결과 우리는 각자의 조종된 환경 속에서 습득한 가치관과 언어에 사실성의 지위를 부여하게 된다. 우리는 서로 간의 소통의 필요성과 가능성으로부터 소원해진다.

동일자의 군집에서는 해석의 자유가 없다. 애초에 구성원 모두가 같은 뜯어보기로 같은 해석을 하고 싶다는 욕망에 이끌려 결집된 커뮤니티이기 때문이다. 해석의 자유는 서로 다른 두 사람이 같은 사물을 바라볼 때 비로소 가능하다. “나는 오리로 인식하는 그림을 너는 토끼로 본다.” 이 부정성이 해석의 자유를 가능케 하는 비료 역할을 한다. 오리-토끼 그림을 오리로만 보기 위해 같은 시선의 사람들끼리 모인 커뮤니티는 시선의 독점을 그 정체성의 기반으로 삼는다. 구성원들은 자발적으로 해석의 자유를 포기한 꼴이다. 해석의 자유가 없을 때 건전한 토론을 불가능해진다. 그들은 뜯어보기의 체계화가 아니라 뜯어보기의 세계화를 원한다.

6장

전문가의 시선

프레임을 씌우는 것도
따르는 것도 시선이다.

시선이 진실을 구성한다.
그리고 시선이 언어를 유도한다.

전문성, 언어의 기둥

"뭘 어떻게 하든, 의미는 머릿속에 있는 게 아니다!"[38]

언어철학자 힐러리 퍼트넘의 답답함 서린 외침이다. 그는 의미론적 외재론semantic externalism을 내세우며, 20세기 의미론의 초석을 다졌다고 할 수 있는 고틀로프 프레게 이후 수많은 언어철학자들을 당황시켰던 '지시의 퍼즐'에 대해 명료한 답을 제시했다. 지시의 퍼즐은 말 그대로 언어기호가 어떻게 지시체를 지시하는 게 가능한지를 묻는다. 내가 "달"이라는 한마디를 뱉는 순간, 내가 뱉은 단어와 그 단어의 지시체인 지구의 위성 달 사이에는 빛의 속도보다 빨리 어떤 관계가 수립된다. 달을 지시하려는 내 내면의 의도로 인해 내 외부에 위치한 달을 지시할 수 있다고 해서 '의도성의 퍼즐'이라고도 불린다. 마치 내가 "달"을 말함으로써 초능력이라도 부린 것만 같다.

"철학적 역설은 해결되기보다는 해소되어야 한다"는 비트겐슈타인의 통찰은 지시의 퍼즐에서도 유효했다.[39] 지시의 퍼즐이 퍼즐처럼 느껴지는 이유는 "화자가 어떻게 지시하는가?"라는 질문의 프레임에 갇혀 있기 때문이다. 내가 특정 의미를 의미하는 것은 마치 내 심리적 내면에 대한 묘사처럼 들린다. 실제로 일상 대화에서 "난 그런 뜻이 아니었어" 따위의, 의미를 내면과 연관 짓는 표현을 종종 접할 수 있다. 여기에는 화자, 즉 언어를 사용하는 이의 내면에서 일어나는 심리적 또는 신경과학적 메커니즘에 의해 화자가 사용한 언어기호의 의미가 결정된다는 밑그림이 깔려있다. 의미를 화자의 내부에서 찾으려는 동기는 여기서 비롯된다.

퍼트넘은 일명 '쌍둥이 지구' 생각실험을 고안해내 의미는 외부에 있다고 역설했다. 쌍둥이 지구는 지리, 역사, 심지어 인간 개개인의 심리적 내면 상태 등 모든 면에서 지구와 똑같다. 유일한 차이점은 지구에서 "물"이라고 부르는 물질은 H_2O인데 비해 쌍둥이 지구에서 "물"이라고 부르는 물질의 화학기호는 XYZ이다. 화학성분을 제외하면 H_2O와 XYZ는 모든 성질을 공유한다.

둘 다 무색무취하고 음용 가능한 액체로, H_2O가 지구에서 강과 바다를 이루듯 XYZ 역시 쌍둥이 지구에서 강과 바다를 이룬다. 이제 두 지구의 시간을 (물의 화학성분이 발견되기 훨씬 전인) 16세기로 돌려보자. 이 시점에서 지구인과 쌍둥이 지구인은 "물"이라는 단어를 말할 때 동일한 심리적 내면 상태를 갖게 된다. 의미의 진원지가 언어 사용자의 내면에 있다면 두 지구에서 "물"은 동일한 물질을 지시해야 한다. 그러나 16세기에도 지구의 "물"은 H_2O를, 쌍둥이 지구의 "물"은 XYZ를 지시한다는 게 퍼트넘의 생각실험의 핵심이다.[40] 의미는 화자가 속한 환경에 의해 결정된다. 지시의 퍼즐에 대한 답을 한 단어로 정리하자면 바로 맥락이다.

퍼트넘은 다소 추상적으로 느껴질 수 있는 쌍둥이 지구 생각실험을 보완하기 위해 느릅나무와 너도밤나무elm and beech의 사례도 곁들인다.[41] 나무에 대한 전문적인 지식이 없는 대부분의 일반인은 느릅나무와 너도밤나무를 쉽사리 구별하지 못한다. 그럼에도 누군가가 "오늘 공원에서 너도밤나무를 봤어"라고 말할 때, "너도밤나무"는 그 사람이 본 나무를 지시하는 데 실패하지 않는다. 그 단어를 말할 때 화자는 아마 '너도밤나무스러운 생김새를 지닌, 오늘 내가 공원에서 본 나무' 정도를 떠올렸을 것이다. 화자의 말을 들은 청자 역시 머릿속으로 너도밤나무의 대략적인 생김새만 그렸을 것이다. 청자와 화자가 너도밤나무의 모든 성질에 대한 수목학적 지식을 구비한 상태가 아님에도 불구하고 대화는 지장 없이 이어진다. 심지어 그들이 이야기하고 있는 나무는 알고 보니 너도밤나무와 비슷한 느릅나무일지도 모른다. 그렇다고 이 둘이 "느릅나무"와 "너도밤나무"라는 단어의 뜻을 모른다고 할 수는 없다. H_2O를 모르는 다섯 살배기 아이라도 "물"의 뜻을 아는 것과 같은 이유다. 둘 다 일상에서 충분히 접할 만한 상황에서 능숙하게 "느릅나무"와 "너도밤나무"라는 단어를 사용할 줄 알기 때문이다. 어쩌면 둘은 공원의 나무에 대한 이야기를 이어나가던 도중, "그건 혹시 느릅나무가 아니었을까?" 라고 말할 수도 있다. 이는 화자가 "너도밤나무"라는 단어로 너도밤나무를 지시할 능력이 없음을 나타내지 않으며, 오히려 "느릅나무"와 "너도밤나무"의 화용話用에는 서로 비슷한 두 나무를 비교하는 것도 포함된다는 점을 이해하고 있음을 방증한다. 지시의 근거는 지시체의 갖은 성질에 대한 완벽한 이해에 기반하고 있다는 고지식한 의미론에 구멍을 내는 퍼트넘의 논증이다.

사실 쌍둥이 지구 생각실험과 느릅나무-너도밤나무의 사례는 시사하는 바가 미묘하게 다르다. 후자는 의미론적 외재론을 보다 피부에 와닿게 설명해주는 장점이 있지만, 한편으로는 언어의 가단성可鍛性과 불안정성에 대한 우려도 제기한다. 일반인이 멋대로 느릅나무를 "너도밤나무"로 불러도 괜찮다면, 이는 엄밀히 말해 언어의 오용이 아닌가? 의미의 진원지가 외부 환경에 있고 그 외부 환경에는 언어적 관례에 의해 결정된 화용도 포함한다면, 언어기호의 오용이 빈번해짐에 따라 단어의 의미가 변질될 수도 있는 것 아닌가? 언어의 핵심 기능 가운데 하나가 현실의 사물 및 현상에 대한 상응이라는 점을 인정한다면, "너도밤나무"가 느릅나무를 지시하고 "물"이 XYZ를 지시해도 상관없는 세상은 분명 언어의 정밀성을 원하는 누군가에게는 염려스러울지도 모른다.

이에 대비한 안전망으로 퍼트넘은 "언어적 노동의 분업division of linguistic labor"이라는 개념을 제시한다.[42] 같은 공장 안에서도 생산라인에서 일하는 직원, 제품의 하자를 체크하는 직원, 포장된 제품을 운송하는 직원 등이 있듯이 언어에 관해서도 분업이 이루어진다는 뜻이다. 퍼트넘은 공장 내 직원마다 제품에 대한 이해의 관점이나 깊이가 다르다는 점에 착안한다. 제품을 운송하는 직원이 제품의 성분과 구조를 상세히 알아야 할 필요는 없다. 마찬가지로 "너도밤나무"라는 단어도 화자의 전문성에 따라 언어적 업무가 상이하다. 수목학자가 수목원에서 현장 연구를 진행할 때 "너도밤나무"는 공원에 놀러 간 가족이 말하는 "너도밤나무"와 지시체는 같으나 화용이 다르다. 수목학자의 그것은 훨씬 정밀하고 기술적이다. 그가 "너도밤나무"를 말할 때는 높은 키와 굵은 줄기에 길다란 타원형 잎사귀 따위의 대략적인 생김새 이상을 생각한다. 어쩌면 그가 동료 수목학자들과 대화를 나눌 때에는 "너도밤나무"와 "느릅나무"가 서로 혼동될 여지가 있는 지시어로 인식조차 되지 않을지도 모른다. 전문가의 시선으로 바라본 너도밤나무와 느릅나무는 확연히 다르기 때문이다. 수목학자가 전문가로서의 언어적 업무를 다하는 이상, 공원의 가족은 너도밤나무에 대한 깊은 지식이 없어도 나무를 감상하며 일상적인 대화를 나눌 수 있다.

이처럼 같은 단어라도 여러 가지 대화의 맥락에서 사용될 수 있으며, 각 맥락에서 요구되는 전문성의 수준에는 차이가 있다. 퍼트넘의 "언어적 노동의 분업"은 대화 맥락 간의 위계를 암시한다. 때로는 비전문가의 대화가 전문성을 요구하는 맥락으로 발전되는 경우가 있다. 이때 비전문가는 전문가의 시선을 기준삼아 적절한 화용을 판별한다. 가령 공원의 나무를 두고 느릅나무인지 너도밤나무인지 왈가왈부하는 두 친구는 나무를 잘 아는 제3자의 의견을 구하고자 할 것이다. 두 일반인은 나무를 높이, 잎새의 모양 정도로 뜯어보는 데 반해 전문가의 뜯어보기는 훨씬 세세하다. 전자는 후자의 시선을 학습하고 차용한다. 전문가의 시선은 **전문적인 맥락에서 비전문적인 맥락으로 유통된다.**

퍼트넘이 지시의 모호성을 일부 인정하면서도 전혀 불편한 기색을 내비치지 않고 오히려 당당했던 이유는 아마 이 전문성의 위계가 견실하다고 믿었기 때문일 것이다. 물론 전문가의 언어가 비전문가의 언어를 설명하는 개념적 근원이 된다는 것은 과대해석이다. 물의 화학성분이 H_2O로 밝혀지기 오래전부터 사람들은 아무 문제 없이 "물"이라는 단어를 사용했다. 하지만 전문가는 분명 언어적 미지에서 경계사례에 대해 정확한 판결을 내려주고 부적절한 용법은 교정하는 역할을 한다. 물의 화학성분을 알아낸 최초의 전문가들은 H_2O가 아닌 것을 "물"이라고 부르는 잘못된 지시를 고쳐나가는 데 필시 큰 역할을 했을 것이다. 언어는 시대가 흐르면서 불가피하게 변화한다. 그 과정에서 전문가들은 변화가 진화가 되도록 올바른 방향을 잡아주는 키잡이가 된다.

전문성의 개념은 스탠리 카벨이 완전히 설명하지 못했던 언어적 상호조율의 수평적 연계를 보완해준다. 단순히 많은 사람들이 사용하는 언어적 맥락이 관례로 자리잡는 게 아니라, 전문성의 권위로부터 인정을 받은 언어가 올바른 화용으로 정립된다. 비정상·비상식의 관례화를 방지하는 것 역시 전문성의 역할이라 하겠다.

앞서 뜯어보기의 시선에 따라 그 시선을 공유하는 구성원들의 언어가 달라진다고 했다. 퍼트넘이 말한 언어적 노동의 분업이 제기능을 한다면, 느릅나무와 너도밤나무를 구별하려는 특수한 상황이 아니라도 일반인은 항시 스스로가 언어를 사용하는 맥락에서 요구되는 수준의 전문성을 의식하며 필요에 따라 전문가의 언어를 습득하고자 노력한다. 이는 달리 말하면 전문가의 뜯어보는 시선을 닮고자 노력한다는 뜻이 된다. 따라서 언어는 사용하는 이로부터 어떠한 겸허함을 요구하며, 이는 전문성에 대한 존중이라는 형태로 나타난다.

따지고 보면 언어를 배우는 과정 자체가 보다 전문적인 뜯어보기를 배우는 과정이다. 첫말을 뗀 아기의 입장에서 어른들은 '배고플 때 밥 달라고 하기', '불편함을 호소하기' 등의 언어게임에도 능숙할 뿐만 아니라, 사물을 어느 단위로 뜯어봐야 하는지의 문제에 대해서도 전문가들이다. 생전 처음 의자를 본 아기는 의자를 하나의 개체로 보지 않고 다리 네 개와 등받이와 시트로 나누어 볼 수도 있고, 아니면 의자와 탁자를 묶어 하나의 개체로 볼 수도 있다. 아기는 관찰을 통해 어른들이 각각의 의자 다리를 이름으로 부르지 않는다는 것을 깨닫는다. 이렇듯 사물의 이름을 배우는 간단한 과정조차도 전문가의 시선을 학습하는 과정의 일례로 간주할 수 있다.

퍼트넘이 자신의 이론에 언어적 노동의 분업이라는 안전망을 설치한 것은 당연하다. 의미론적 외재론이 온전히 기능하려면, 의미의 진원지 역할을 하는 외부가 일정하고 안정적이어야 한다. 그래야만 의미 또한 일정하고 안정적이기 때문이다. 그 안정성을 지탱하는 것이 바로 전문가의 역할이다.

그럴싸한 가루

그러나 뜯어보기가 디폴트 시선으로 자리잡은 포스트모던 사회에서는 어떨까? 오늘날 분석력은 지성인의 기본 미덕으로 취급받는다. 실제로 20세기에서 기득권의 억압을 이겨내고 사회적 약자의 권리를 하나씩 되찾아가는 과정에서 뜯어보기는 제 역할을 톡톡히 했다. 부부를 일하는 남성과 집안의 여성으로 나누어 보던 가부장제, 국가를 민족의 존립과 그를 위해 헌신하는 부품으로 나누어 보던 전체주의, 미국 사회를 정당한 국민인 백인과 기본권을 누릴 자격조차 없는 흑인으로 나누어 보던 인종차별주의는 모두 뜯어보기에 의해 상당 부분 허물어졌다. 이런

성과는 뜯어보기를 진보와 동일시하는 사회적 무의식을 형성하기에 충분했다.

사실 뜯어보기가 사회문화적 교정의 효과를 발휘하는 데는 선명한 대립으로 인한 부정성이라는 양분이 존재했다. 진보는 사회 전반적으로 팽배한 해로운 시선이 더 나은 시선으로 바뀔 때 가능하다. 정正에는 반反이 있어야 합合이 따른다. 따라서 진보 이전에는 항상 대립이 선행한다. 역설적이게도 그 어느 때보다 사회 구성원의 다양성을 인정하고 심지어 권장하는 포스트모던 사회의 기조는 개인에게 부정성을 외면할 권리를 부여하고 있다. 나와 생활의 환경을 공유하는 모든 구성원 각각의 다양한 가치관과 배경을 인정하는 데 힘을 쏟을 바에야 나와 동일한 족속으로만 이뤄진 편안한 환경에 안주하고자 한다. 정正과 반反은 분分으로 남는다. 문화부족은 반향실을 형성해 그 안에서 부족원들의 가치관을 서로에게 메아리친다. 나의 목소리가 곧 사회의 목소리가 되는 아중일치我衆一致의 경험에서 부족원은 만족감에 취한다.

이렇게 긍정성만으로 채워진 환경을 조성하기 쉬워진, 즉 진보의 선행 조건이 되는 선명한 대립이 부재한, 상황에서도 뜯어보기의 미덕은 관성에 의해 지속되고 있다. 더군다나 뜯어보기는 재미있다. 아이는 로봇을 분해해 로봇과 전혀 다른 물건으로 재탄생시킬 때 쾌감과 권력을 느낀다. 자신의 눈과 손끝에서 현실을 변화시킬 수 있다는 권력이다. 마찬가지로 사람들은 기존에는 당연하게 여겨졌던 패러다임을 뜯어보고 재해석함으로써 자존감을 높인다. 예전에는 자신의 존재 가치를 "시스템의 관점에 얼마나 훌륭하게 적응했는가"라는 물음으로 측정했다면, 이제는 "얼마나 적극적으로 나만의 관점을 창출해내는가"로 측정한다. 젊은이들이 '창의적이어야 성공한다'는 강박을 느끼는 것도 당연하다.

문화부족은 구성원의 수가 적더라도 서로에게 조명을 비춰주며 발광의 허상을 만들어낸다. 이 가상의 만장일치에서 우러나오는 진실에 대한 주관적 확신 앞에 전문성의 권위는 연기처럼 사라진다. 뜯어보기를 강요하는 포스트모던 사회에서 객관적 사실성이 가루화되듯이 가치관 또한 가루화된다. 가루는 내 눈길과 손길이 원하는 모양에 따라 변화한다. 또 가루는 균등하다. 한 알이 다른 알보다 고차원적이지도 않으며, 아무나 가루를 손에 쥐거나 모아서 더미를 만들 수 있다. 사실과 가치의 가루화는 곧 전문성에 의해 정립된 위계의 상실을 의미한다. 전문적인 의견과 비전문적인 의견, 더 가치 있는 계율과 가치 없는 계율의 간극은 사라진다. 다만 더 많이 모인 가루더미와 덜 모인 가루더미에서 강한 더미와 약한 더미가 나뉠 뿐이다.

이제는 **개연성**이 사르트르의 사실성을 대체한다. 가루로 만든 조형물은 사실 여부로 평가받지 않는다. 해변의 모래성을 보고 진짜 성이라고 착각할 사람은 없다. 우리는 그럴싸하게 만들어진 모래성을 보고 "잘 만들었다"고 평가한다. 가루는 사실을 따르려고 하지 않는 대신 **그럴싸하고자** 노력한다.

미국의 유명 코미디언 스티븐 콜베어는 2005년 자신의 정치풍자 토크쇼 〈콜베어 리포트The Colbert Report〉의 파일럿 에피소드에서 "진실스러움truthiness"이라는 단어를 만들었다. 콜베어는 조지 부시 미국 전 대통령의 이라크 침공을 비롯한 일련의 외교·정치적 행보를 비판하며, 미국 정부 인사들이 논리나 근거에 입각하지 않고 직감과 일부 소수 단체의 관점에 의존해 사실 여부나 정책의 선악을 속단하려는 경향을 꼬집었다. 진실스러운 주장은 곧잘 진실로 받아들여진다는 지적이다. 차분한 논증과 팩트체크는 진실스러움을 무너뜨릴 수 있긴 하나, 이러한 검증은 시간을 요한다. 자극적인 스캔들과 인신 공격의 난사 등으로 호흡이 짧아진 정치 뉴스는 대중으로 하여금 팩트와 논리보다는 진실스러움을 진실의 기준으로 채택하도록 독촉한다. 그렇게 진실스러운 가짜는 진실로 가장한 채 사회를 활보한다.

진실스러움 자체가 진실과 대립하는 개념은 아니다. 때때로 진실스러움은 진실을 향한 지름길 역할을 해준다. 체스 고수는 기물의 배치를 보고 순간적으로 상황의 유불리를 판단할 수 있다. 구체적인 행마의 예측과 수싸움의 계산을 생략하고 직감에 의존하는 것이다. 그 직감은 오랜 시간 훈련하고 축적해 정립된 휴리스틱heuristic이다. 문제는 체스 하수가 이런 직감적인 판단을 섣불리 모방할 때이다. 진실스러움은 대중의 귀차니즘을 공략한다. 다량의 정보와 주장을 대중의 시야에 주입하는 매스컴은 대중을 지치게 한다. 대중은 진실을 따르기 귀찮아서 진실스러움을 따른다.

그럴싸함은 진실스러움보다 한층 더 위협적이다. 진실스러움은 여전히 진실의 규칙을 따른다. 논리는 직감으로, 팩트는 편향된 증거로 대체되었을 뿐이다. 진실이 현실을 정확히 반영해야 하듯이, 진실스러운 주장 역시 현실의 요소를 어느 정도 반영해야 한다. 따라서 진실스러운 주장은 외부의 기준에 복종한다. 반면에 그럴싸한 주장은 그 내부에서 그럴싸함의 기준을 만들기 때문에 자생적이다. 소설이 그럴싸한 것은 실제 일어난 일을 모방하기 때문이 아니라 허구의 세계 속에서 납득할만한 서사를 펼치기 때문이다. 체스의 규칙을 모르는 아이도 상상력을 발휘해 기물을 멋대로 배치함으로써 그럴싸한 놀이를 만들 수 있다. 예컨대 체스 기물을 다른 기물 위에 쌓아 탑을 만드는 놀이는 체스스럽지는 않지만 그럴싸하다. 진실스러움의 가짜는 진실의 경영에 구속되는 반면, 그럴싸함의 가짜는 자영업을 한다.

거짓된 진실스러움은 넓은 시야를 가진 사람에게 통하지 않는다. 진실스러운 거짓과 진실이 같은 시야에 공존할 때 전자는 후자를 이기지 못한다. 전문가의 시선은 진실스러운 거짓을 퇴치하는 데 중요한 역할을 한다. 전문가로부터 비전문가에게 유통되는 전문가의 시선은 팩트와 논리로 무장해 잘못된 직감을 훈계할 수 있다. 이는 곧 시야의 조정, 혹은 시선의 교정이라고 할 수 있다. 반면에 그럴싸함은 전문가에게 훈계받기를 거부한다. 오히려 전문성을 비웃는다. 나아가 그럴싸함은 개개인이 넓은 시야를 확보하기를 원한다. 시야가 넓을수록 개인은 자발적으로 특정 문화부족에 스스로를 예속시킨다. 어차피 그럴싸한 이야기가 즐비하기 때문에 각자가 좋아하는 그럴싸한 이야기를 믿어도 괜찮다는 심리가 발동한다. 그럴싸함은 진실을 기호嗜好의 문제로 포장함으로써 전문가의 교정을 피한다.

그럴싸함은 대안적 사실과 가짜뉴스의 심장이다. 사람들은 그럴싸한 것은 진실로 받아들이고 믿는다. 제대로 된 증거가 없음에도 불구하고 9·11 테러가 미국 정부의 자작극이었다거나 독감 백신이 자폐를 일으킨다는 등의 터무니없는 음모론을 믿는 사람이 상당히 많은 것은 그럴싸한 이야기이기 때문이다. 사실성에서 개연성으로의 탈선은 지식의 '믿음화'와 맥을 같이 한다.

이제 진실은 앎이 아닌 믿음의 영역에 상주한다.

믿음은 선택을 전제한다. 오스틴은 "알다know"와 "믿다believe"의 맥락적 용례로부터 앎과 믿음에 대한 통찰을 유도한다. 우리는 일상 대화에서 누군가의 지식이나 믿음에 의구심을 가질 때 "**어떻게** 그걸 알아?(**How** do you know that?)", "**왜** 그렇게 믿어?(**Why** do you believe that?)" 라는 물음을 종종 던진다. 그러나 "**왜** 그걸 알아?(**Why** do you know that?)", "**어떻게** 그렇게 믿어?(**How** do you believe that?)"라는 물음을 같은 의미로 사용하지는 않는다.[43] 지식은 지식의 근거와 이정표를 중시하고 믿음은 믿음의 동기를 중시한다. "왜 믿느냐"는 질문에는 "믿지 않을 수 있었음에도 어떤 이유에서 믿기로 선택했다"는 선제 의미가 깔려 있다. 그리고 그 답은 어떤 형태로든 "믿고 싶기 때문에"로 귀결된다. 그래서 믿음과 기호는 사촌지간이다.

가치의 가루화, 진실의 기호화라는 환경에서는 더 이상 기행奇行이란 존재할 수 없다. 아무리 극단적인 주장과 세계관도 정당화된다. 누구나 자신의 입맛, 아니 눈맛에 맞게 가루더미를 뜯어보고 이를 재구성해 그것을 진실이라 칭할 수 있다.

믿음은 곧 행동으로 나타난다. 그렇기 때문에 사실과 어긋난 믿음은 굉장한 파괴력을 지니게 된다. 가령 몇몇 사람들이 장난 혹은 악의로 "H_2O는 독성을 지녔다"는 루머를 퍼뜨린다고 생각해보자. 이들은 그럴싸한 가짜 과학과 가짜 음모를 만들어 세력을 키운다. 이 음모론을 정말로 믿는 사람들은 물을 기피하고 주변 사람들에게도 물을 섭취하지 못하게 막는 등의 행동을 하게 될 것이다. 그럴싸함을 좇는 눈은 마구잡이 손을 낳는다.

프레임

조금 더 현실성 있는 예시로는 오늘날 정치판을 보면 그만이다. 요즘 정치는 프레임 전쟁이다. 재정적으로 여유 있는 배경에서 온 정치 인사에게는 소위 '가진 자' 프레임을, 타국에 유한 외교 기조를 추구하는 자에게는 친일·친중·친북 프레임을, 친척 가족의 부적절한 행위가 드러난 자에게는 위선자 프레임을 씌운다. 프레임은 결코 정치인들 사이에서만 유행하는 게 아니다. 유명 유튜버에게는 '자본주의가 낳은 괴물' 프레임을, 페미니스트에게는 '감성적 폭도' 프레임을 씌우기도 한다. 조명이 알아보기를 통제한다면 **프레임은 뜯어보기를 통제**한다.

일상 대화에서도 프레임은 쉽게 발견할 수 있다. 가령 친구끼리의 술자리에서 자리에 없는 여자에 대해 다음과 같은 말이 오고가는 것을 생각해볼 수 있다.

> A: 영희 걔는 부잣집 의사 아들이랑 사귄다더라.
>
> B: 가진 게 예쁜 얼굴밖에 없으니 돈 많은 남자라도 꼬셔야지.

이 짧은 대화에서 B는 A가 제공한 정보를 바탕으로 영희에게 돈을 보고 남자를 유혹하는, 소위 '골드디거' 프레임을 씌운다. 실제로 그녀가 돈만 보고 연인과 사귀었는지 사실 여부는 중요하지 않다. B는 그럴싸한 이야기를 던졌을 뿐이다. 이제 A의 반응에 따라 B의 프레임은 사실로 취급될 수도, 거짓으로 부정될 수도 있다. 그러나 이 프레임을 한 번도 제시되지 않았던 것처럼 무시할 수는 없게 되었다. 프레임은 대화의 흐름을 점령한다. 그리고 이 '골드디거' 프레임에 A가 특별한 거부감을 표출하지 않는 이상, 적어도 둘의 대화 속에서 B가 던진 이야기는 기정사실화된다.

프레임은 여러 가지 효과를 가진다. 우선, 프레임은 프레임 안에 있는 것의 **의미를 조종**한다. 프레임은 원래 액자를 뜻한다.

엄마가 신생아를 안고 우는 사진은 어떤 액자에 놓느냐에 따라 새 생명의 기쁜 탄생 또는 어린 죽음의 비극을 나타낼 수 있다. 영희의 연애사 역시 프레임에 따라 로미오와 줄리엣처럼 집안의 차이를 극복한 순수한 사랑 또는 속이 검은 불여시의 접근으로 비쳐질 수 있다. 이러한 프레임의 힘은 문화적 시스템에 기인한다. 개인이 습득하고 사용하는 문화적 지식과 스킬 중에는 캐릭터, 서사적 패턴의 전형에 대한 숙지도 포함된다. 대부분의 한국인이 "아침드라마식 막장 전개"라는 표현을 듣고 비슷한 내용을 떠올리는 것은 같은 문화적 지식을 공유하기 때문이다. 반면, 아무리 한국어가 유창하더라도 한국 문화에 서투른 외국인은 그 표현의 의미를 잘 이해하지 못할 것이다. 프레임은 문화적 시스템의 구성원 다수가 알고 있는 패턴을 활용해 프레임이 걸린 대상의 의미를 바꾼다.

둘째, 프레임은 대상에 대한 **시선을 고착**시킨다. 프레임에는 특정 뜯어보기가 프로그램되어 있다. 개인의 뜯어보는 시선을 외부화해 대상의 속성으로 만드는 것이 프레임의 역할이다. 그래서 프레임은 프로그램된 시선을 광고하고 전염시킨다. 한 번 보였던 것을 일부러 보지 않기는 불가능에 가깝다. 어느 프레임이 그럴싸하다고 느끼는 사람은 프레임이 걸린 대상을 계속해서 그 프레임에 프로그램된 시선으로 바라보게 될 가능성이 크다. 연예계에서 흔히들 말하는 이미지 쇄신이 어려운 이유다. 이는 가루의 성질과도 일맥상통한다. 가루는 고체와 액체의 중간에 있다. 액체가 용기의 모양을 따라가듯 가루더미도 손길을 따라 자유자재로 변형할 수 있으나, 용기가 없으면 흩어지는 액체와는 달리 가루더미는 한 번 형태가 잡히면 그대로 유지된다. 시선을 고착시키는 프레임은 시선을 집중시키는 조명과 결부될 때 그 효과가 배가 된다.

셋째, 프레임은 그 프레임을 **거부하는 사람들의 시선까지도 통제**한다. A에 씌워진 프레임을 거부하는 사람의 입장에서는 프레임대로 A를 보는 사람을 설득해야 할 과제가 생긴다. 트럼프가 자신에게 비판적인 성향의 뉴스를 "가짜 뉴스"라고 매도한 것은, 실제로 사람들에게 뉴욕타임즈나 CNN이 가짜 뉴스라고 설득하려는 목적만은 아니었다. 트럼프는 해당 뉴스사들에게 스스로를 변호해야 할 과제를 부여한 것이다. 이 뉴스사들이 가짜 뉴스가 아니라고 믿는 사람 역시 트럼프 지지자를 상대로 자신의 시선을 설명해야 할 과제를 떠안게 되었다. 본인 스스로에게도 프레임의 진위 여부를 고려해야 할 인지적 과제까지 부과되었다고도 하겠다. 프레임이 난무하는 매스미디어 사회에서 눈과 입과 정신은 모두 피로해진다.

"나와 다른 시선을 가진 사람들을 대하느라 진을 뺄 바에야 내 시선을 대변해 줄 제2의 프레임을 씌우는 것이 낫다.” 이것이 **프레임 전쟁이 유도하는 맞불 사고방식**, 프레임의 네 번째 효과다. 오늘날 사회에는 첨예하게 대립하는 가치관의 문화부족들 간 전쟁이 허다한 것처럼 보일 수 있다. 그러나 실상을 들여다보면 부족과 부족 간의 대립은 의외로 드물다. 대개는 부족들이 각자의 반향실 안에서 적을 매도하는 목소리가 크게 들리는 것뿐이다. 굳이 나와 정반대의 가치관을 가진 유튜버 영상에 댓글을 다는 사람은 드물다. 시선을 공유하지 않는 부족은 서로 관계를 수립하려 들지 않는다. 이미 시선을 공유하는 부족원들과의 유대감과 공감대에 만족할 뿐이다. 이러한 유대감은 프레임의 개연성을 더욱 뒷받침해준다. “이렇게 많은 사람들이 나와 동의하는데 설마 사실이 아니겠어?”라는 심리가 발동한다. 이와 더불어 적의 프레임을 방치했다가는 내가 속한 문화부족의 가치관이 무너질 수 있다는 위기의식이 짙어진다. 프레임 전쟁에는 정체성의 보존이 걸려 있다. 따라서 프레임 전쟁은 보고 싶은 것만을 봐도 괜찮다는 합리화에 그치지 않고 **보고 싶은 것을 만들어내야 한다는 강박**을 낳는다. 내 눈길이 닿는대로 진실이 될 수 있다는 무시무시한 자유의 환상 속에 숨겨진 구속이다.

다섯째, 프레임은 **객관적 진실을 침묵**시킨다. 진실의 입을 막아 침묵시키는 것이 아니라, 진실의 말투를 모방함으로써 진실의 신뢰성을 저해한다. 한 가지 메뉴로 유명해진 식당 골목을 가보면 모두가 원조 간판을 내걸고 있는 것과 비슷한 현상이다. 저 식당들 가운데 분명 진짜 원조 식당은 있을 것이다. 그러나 그 식당의 간판과 가짜 원조의 간판을 구분할 수 없는 손님은 사실성에 근거한 판단을 할 수 없게 된다. 프레임으로 무장한 포스트모던 양치기 소년은 거짓말로 사람들을 속이는 데 집중하지 않는다. 오히려 어처구니없는 거짓말을 과잉 생산해 진실마저 거짓말로 의심받게 한다. 진실이 스스로를 진실이라고 밝히기 위해 발악할수록 진실은 침묵하게 된다. 프레임과 그럴싸함을 통해 거짓도 진실이 되고 진실도 거짓이 될 수 있는 환경을 조성하는 것이야말로 포스트모던 양치기 소년의 꾐이다.

이와 같은 효과들은 모두 개연성이 사실성을 대체하는 결과를 초래한다. 프레임은 시선을 유인해 스스로를 굳히는 성질이 있다. 개연성이 진실의 기준을 지배하는 세상에서는 믿음이 진실을 따르는 게 아니라 진실이 믿음을 따른다. 소셜 미디어에서 존재가 존재감으로 대체되듯이, 진실도 온-오프 스위치 개념에서 스펙트럼의 개념으로 변한다. 많은 눈을 구속하는 프레임일수록 더 그럴싸해진다. 프레임은 같은 시선을 공유하는 사람들 사이에서 진실 행세를 한다. 바꿔 말하면 모두가 같은 프레임을 믿는다면 그 프레임은 조건부 없이 진실로 통할 수 있는 것이다.

따라서 전문가의 전문성보다는 언변 좋은 누군가의 선정성이 더 큰 영향력을 지닌다. 진실 또한 흥자생존의 생태계에 던져진다. 힘 있는 프레임을 형성하기 위해서는 우선 관심을 끌어야 한다. 아무리 권위있는 전문가라 할지라도 논리와 증거만으로 프레임을 깰 수는 없다.

프레임을 씌우는 것도 따르는 것도 시선이다. 나는 내가 마음에 들지 않는 정치인을 그의 정치적 이력, 성과와 공약으로 뜯어보지 않고 그의 사생활과 재력과 가족사로 뜯어보기로 선택할 수 있다. **시선이 진실을 구성한다.** 그리고 시선이 언어를 유도한다. 언어라는 공장의 운영을 지탱해주던 전문가의 식견은 가루화되어 힘을 쓰지 못한다. 사람들은 쓰고 싶은 언어, 듣고 싶은 언어를 선택해 몰려다닐 뿐이다.

가루와 프레임의 형이상학은 이념의 양극화 현상 또한 설명해준다. 사실성보다는 개연성, 근거보다는 관심이 중요한 세상에서 이념은 영향력을 행사하기 위해 극단적인 치장을 할 수밖에 없다. 프레임 전쟁에서 황희 정승은 결코 승자가 될 수 없다. 얘도 옳고 쟤도 옳다고 인정해주는 사람은 도통 재미가 없다. 프레임 전쟁은 토론과는 달리 상대 진영을 설득하는 게 목적이 아니라, 상대 진영을 수적으로 눌러 더 그럴싸해지는 게 목적이다. 아군에게 씌워진 프레임을 벗으려고 발버둥치기보다는 아군에게 프레임을 씌운 적에게 더 강력한 프레임을 씌우는 편이 낫다. 이를 위해서는 열성적으로, 그리고 맹목적으로 프레임의 시선을 장착해 줄 집단이 필요하다. 이 집단은 항상 이념적 스펙트럼의 양끝 언저리에서 찾을 수 있다.

프레임 전쟁은 신종 눈싸움이다. 서로의 눈을 응시하는 눈싸움이 아니라, 누가 더 눈을 많이 수집하느냐의 싸움이다. 오늘날 적과 적은 서로를 곁눈질한다. 그들은 웬만해서는 면대면으로 싸우는 일이 없다. 그들을 둘러싼 불특정 다수를 누가 더 잘 활용하는지가 관건이다. 군중이 곧 그들의 무기이자 자본이고 아킬레스건이다. 프레임 전쟁은 3인칭으로 행해진다. 그가 나의 적이라면 그들이 어떻게 그를 보는지가 중요할 뿐이다. 나는 그를 보지 않아도 된다.

7장

눈이 닿지 않는 그곳

아이콘택트는
심심할 수 있을지언정
지루하지 않다.

나와 다른 타자와 교류할 때
나는 지루하지 않고 심심하다.

음지의 잡담

독일 관념론의 철학자 프리드리히 셸링은 존재를 논함에 있어 실존과 근거를 구분했다. 근거를 의미하는 독일어 Grund는 땅을 뜻하기도 한다. 실존은 밝고 가벼운 데 비해 땅은 어둡고 무겁다. 식물이 자라나기 위해서는 땅의 양분을 섭취해야 하듯이, 자연의 모든 존재는 어둠에서 빛으로, 즉 근거에서 실존으로 탄생한다. "이 선행하는 어둠이 없는 생명은 실체가 없"기 때문에 어둠의 근거는 빛의 실존을 위한 필수 조건이다.[44]

근거는 언제나 목적성을 안고 있다. 그 목적성은 땅을 뚫고 올라와 보여지기를 원한다. 칸트는 인간의 과학이 아무리 발전하더라도 "목적성과 무관한 자연법칙에 의해서만 풀잎 한 장의 성장을 설명할 수 있는 뉴턴"은 없을 것이라며, 기계적 인과관계만으로는 설명할 수 없는 생명의 목적성을 암시했다.[45] 풀잎이 어떤 이유에서 땅에서 위로 자라나고자 하는지는 물리적 설명의 범주 밖에 있다는 뜻이다.

셸링은 실존과 땅의 이중성이 신에게도 내재되어 있다고 주장했다. 신이라는 개념에서 땅은 "영원한 존재가 스스로를 탄생시키고자 하는 욕망"을 나타낸다.[46] 신은 신으로서 이해받기 위해 스스로를 나타내고자 한다. 이 욕망은 신 자체도, 신이라는 실존의 부분도 아닌 실존의 근거다.

셸링의 관점에서 존재는 사물이 아니라 과정이다. 근거의 시발점을 외면하면 존재는 인과관계의 태엽에 의해 완전히 결정되는 전체의 부품으로 시들게 된다. 같은 맥락에서 셸링은 자유 역시 과정으로 이해해야 한다고 역설했다. 빛과 어둠이 동전의 양면과 같듯이 자유와 필연 역시 동일한 개념이 된다. 자체적인 목적성에 규제되어 행동할 때 존재는 자유롭다. 풀잎의 목적성은 풀잎이 땅 위로 자라도록 강제하는 듯 보이지만 그 목적성이 풀잎의 근거를 형성하는 한 풀잎은 자기 자신을 규제하는 만큼 자유롭다. 스스로自의 필연必然으로 말미암는由 것, 그것이 자연自然의 자유自由다.

자유가 곧 필연이라면 자유의 근거는 필연에 앞서는 혼돈에 있다. 원칙에 의해 정리되고 규제되기 이전의 무질서가 곧 자유를 피워내는 어둠의 땅, 즉 **음지**이다. 신이 신으로서 자신을 드러내고자 하듯이 자유의 음지는 욕망에 자리잡고 있다. 스스로에게 질서를 부여해 자기필연을 실현하려는 욕망이다.

이와 같은 자유의 변증법은 사회적 담론의 생태를 설명하는 데에도 도움이 된다. 새로운 사고, 주제 또는 개념을 양성하는 대화를 담론이라고 부를 때, 다수에 의해 화두에 오른 담론은 독자적인 개체성을 띄게 된다. 담론의 내용은 항시 사회 구성원의 성향과 기호, 문화적 풍토에 영향을 받는다. 그러면서도 담론은 이론으로 진화하고자 하는 목적성을 원칙 삼아 성장한다. 술집이나 카페에서 오고가는 대화가 모이고 모여 정치적 혁명을 선도하거나 지식의 패러다임 변동을 낳는 것도 담론이 이론이 되는 과정이다. 정반합의 과정을 거쳐 더 정제되고자 하는 동력이 곧 담론의 자유를 나타낸다.

담론의 자유는 **잡담**에 그 근거를 둔다. 잡담은 음지에서 시작된다. 모든 씨앗에서 식물이 자라나는 게 아니듯이 모든 잡담이 사회적 토의의 장으로 부상하지는 않는다. 그러나 적절한 조건이 충족될 때 잡담은 항상 스스로를 담론으로서 밝히고 싶어 한다. 아직 음지에서 벗어나지 못한 담론은 어둠에 가려져 있는 만큼 대중의 시선으로부터 보호된다. 조명과 프레임의 영향을 받지 않은, 즉 뜯겨지거나 가공되지 않은 **날것의 대화**가 가능한 셈이다.

잡담은 신선하다. 신선함은 이질성에 대한 포용력을 요한다. 동일자 이외의 불순물과는 교류할 준비가 되지 않은 이는 잡담을 할 수 없다. 그런 사람의 대화는 이미 사회적 수면 위로 부상한 상태에서 밝은 조명을 받으며 이루어진다. 동일자 간의 대화는 서로를 비춰주며 재확인시켜줄 뿐이기 때문에 비생산적이며 이미 프레임에 의해 결정된 대본을 주고받는 데 그친다. 반면에 잡담은 상대방을 완전히 알지 못하는 관계에서 이뤄진다. 무지의 여백이 있기 때문에 잡담에 임하는 사람은 부조화의 가능성을 받아들인다. 이는 곧 상대방을 이해할 준비가 되었음을 의미하기도 한다.

밝은 조명을 받는 사람은 시력을 상실한다. 오늘날 아이콘택트는 아직 조명의 손길이 닿지 않는 음지로 밀려난다. 잡담은 곧 아이콘택트의 대화다. 아이콘택트가 관계의 형태소가 되듯이 잡담은 담론의 형태소가 된다.

셸링의 자유론은 크게 보아 스피노자의 결정론에 대한 반박이었다. 셸링은 스피노자가 존재를 과정이 아닌 사물로 보았기 때문에 결정론의 함정에 빠졌다고 진단했다. 근거에서 실존으로 뻗어나가는 과정으로서의 자유는 오히려 결정되기 때문에 자유롭다. 개인의 모든 사고방식이 조명과 프레임으로부터 자유롭지 못할 때 우리 사회는 스피노자가 얘기했던 수동적 사물의 세상을 점차 닮아간다. 음지의 잡담으로부터 배양되는 과정을 박탈당한 담론은 자유를 상실하며, 담론의 생태는 바이러스의 생태로 변질된다. 바이러스는 성장하지 않고 전파된다. 이론과 이념은 밈화되어 동일자 간에 흡수될 뿐이고 개인은 밈의 매개체로 전락한다.

이러한 흐름 속에서 사고의 자유를 잃지 않기 위해 우리는 잡담의 음지를 사수해야 한다. 음지는 곧 보여지지 않은 채 휴식할 수 있는 그늘을 의미한다. 무대의 조명 아래 박제되기 이전의 백스테이지 공간을 의미한다. 그늘 속에서 패션은 통하지 않고 마찬가지로 백스테이지에서 탈은 힘을 잃는다. 그늘에서 아이콘택트를 나누는 이들은 서로를 패션이 아닌 인간으로서 볼 수 있다. 우리는 어느때보다 더 절실히 음지를 찾아나서야 한다.

머물러야 배운다

인간관계의 패러다임이 이미 불가역적으로 디지털 교류에 물들어버린 세상에 무작정 아이콘택트의 수위首位를 회복하자는 발상은 분명 시대착오적이다. 그러나 오늘날 객관적인 음지와 양지의 양분법은 어차피 유효하지 않다. 음지는 개인에 따라 달라지는 상대적인 개념이 된다. 따라서 음지를 찾아나선다는 것은 꼭 사회문화적으로 낙후된 삶의 방식으로 회귀하라는 뜻이 아니다.

조명에 중독된 사회는 개인의 시야를 절대적으로 확보함으로써 시선과 프레임의 취사선택을 정당화한다. 개인은 스스로 보지 않음으로써 자신의 음지를 만들어낸다. 대부분의 경우 밝은 조명이 보장하는 시야를 자유로 착각하면서 자신의 맹점을 인지하지 못한다. 내가 보지 않는 곳은 곧 존재하지 않는 곳이 된다. 따라서 건전한 관계와 자유의 회복은 **나만의 음지**를 인지하는 데서 시작한다.

이는 얼핏 인식론적으로 무리한 요구처럼 보일 수 있다. '내가 알 수 없는 것을 알아야 한다' 내지는 '내가 느낄 수 없는 제6의 감각을 상상해야 한다'는 따위의 모순적 처방으로 해석될 수 있기 때문이다. 그러나 나만의 음지를 인지한다는 것은 사실 내 시야의 자유를 더 적극적으로 활용한다는 뜻이다. 동일자끼리 군집한 무리 속에서 느끼는 소속감과 자기타당성을 포기하고 내가 알아갈 수 있음에도 알아가지 않으려 했던 타자를 바라보라는 주문이다.

포스트모던 사회의 문화적 주름을 이루는 "틀림은 없고 다를 뿐이다"라는 만트라는 "같음끼리 모였을 때 자신만의 옳음을 생산해도 괜찮다"는 허락으로 왜곡되고 있다. 동일한 패션 집단에게 다른 패션의 집단은 어둠 속으로 망각된다. 이 어둠 속의 음지와 교류할 때 신선한 잡담이 피어날 여지가 생긴다. 우리는 같음과 다름의 경계를 넘을 수 있어야 한다.

소셜 미디어를 비롯한 인터넷 문화의 발달로 인해 아이콘택트와 2인칭의 소실은 일정 부분 수긍할 수밖에 없는 현실이 되었다. 그럼에도 불구하고 아이콘택트가 수반하는 상호인지의 불안과 이질성의 포용은 인터넷 문화의 패러다임으로 이식될 수 있다. 문화는 언제나 기술의 발전에 따라 변화했다. 여느 시대보다 급변하는 오늘날 문화적 성숙함이 기술의 발걸음을 따라잡지 못하는 것은 당연한 현상이다. 이럴 때일수록 한발자국 뒤로 물러서 문화의 흐름을 관찰하는 메타문화적 감수성이 필요하다.

아이콘택트의 물리적 재연은 불가능하더라도 그 정신을 살리는 것은 가능하다. 다름을 혐오와 기피의 대상이 아닌 바라봄의 대상으로 고치는 작업은 일종의 문화적 수술이라 하겠다. 무책임한 관용은 부조화의 불안을 수반하는 이해로 바뀌고, 무자비한 프레임 전쟁은 패션을 걸치지 않은 휑한 진심으로 되돌려져야 한다. 그리고 그 출발점은 개개인이 자신의 음지를 찾는 데서 시작한다. 음지의 어둠은 새로운 관계의 근거가 된다.

아이콘택트의 정신을 살린다는 것은 곧 머무름을 되찾는 것과도 같다. 머무름에는 **시간적 머무름**과 **공간적 머무름**의 두 가지 의미가 있다. 길어질수록 깊어지는 아이콘택트는 기다림의 시간을 가진 뒤 진심을 향한 문을 조금씩 열어준다. 그 기다림에는 너를 알아보는 시간, 나를 돌아보는 시간, 우리를 상상하는 시간이 포함된다. 시간적 머무름은 소화를 가능케 한다. 소화는 시스템에 진입한 불순물을 내면화해 시스템을 위한 영양분으로 바꾸는 과정이다. 그렇기에 소화는 부정성을 전제한다. 나와는 다른 담론을 전수받은 타자와 부딪혀 앞으로 나아가지 못하는 그 시간 동안 나는 우리의 마찰에 머무르게 된다. 담론의 소화는 사고의 영양을 제공한다. 소화를 거치지 않는 밈·패션화된 담론은 개인의 성장에 기여할 수 없다. 밈·패션은 소화되지 않고 소비된다. 오늘날 대부분 사람들의 정치적 자아성찰은 소셜 미디어를 내리 훑는 5분, 10분 사이에 끝난다. 소화를 위해 머무르려면 동일자의 무리에서 벗어나 이질성과 맞닥뜨려야 한다.

아이콘택트는 상대방의 눈이라는 심연에 머무르는 것과도 같다. 어느 공간에 머무름은 그 공간을 기반으로 미지의 공간을 탐험할 기반을 마련했다는 뜻이다. 익숙함에서 새로움으로 나아가 그 새로움과 교류하기 위한 준비 단계가 공간적 머무름이다. 공간은 항상 나보다 크기 때문에 나라는 존재만으로 채울 수 없으며 내가 완전히 통제할 수도 없다. 따라서 완벽하게 정리된 공간이란 존재하지 않는다. 공간이라는 개념은 데이터와 달리 수치화해서 요약될 수 없다. 공간에는 항상 일정량의 무질서가 존재한다. 무질서의 가능성을 끌어안고 공간에 머무를 수 있을 때 개인은 비로소 부정성의 비료로 자기 자신을 양성할 준비를 마치게 된다. 무질서는 언제나 불안을 야기하고 또 이해를 가능하게 한다. 나와는 다른 타자와 부딪힘으로써 부정성의 양극으로 지탱되는 대화의 공간이 마련된다. 동일자끼리 서로를 바라볼 때는 공간이 발생하지 않는다. 동일자의 무리는 한 곳에 여러 번 찍힌 점과 같아서 차원의 확장을 허용하지 않기 때문이다. 점과 다른 점을 이을 때 선이 생기는 것처럼 나와 다른 존재가 있어야 공간이 생긴다. 그 공간 속에서 서로 다른 담론은 교류하고 성장할 수 있다.

머무름이 가능한 공간은 대체로 타인의 시선에 노출되지 않는 그늘이다. 그렇기 때문에 머무름은 휴식을 제공하고 이는 곧 **배움**으로 이어진다. 이질적인 타자와 공존하며 머무를 때 우리는 미지의 사유를 탐험할 에너지, 잡담으로써 새로운 것을 경험할 에너지를 충전한다. 배움은 기반, 즉 홈베이스를 필요로 한다. 홈베이스로 다시 가져올 수 없는 새로움은 맛보는 즉시 휘발해 버리는 짤막한 체험에 불과하다. 동일자의 지옥에 갇힌 자는 홈베이스가 없는 만큼 새로움을 소화할 능력이 없다.

담론을 밈·패션화하는 사회에서 배움은 흡수 또는 업그레이드로 귀결된다. 개인은 게임 속 캐릭터처럼 스탯stat을 올리는 데 급급하다. 스탯은 남에게 보여지는 지표를 의미한다. 스스로의 성장마저도 소화가 아닌 군중의 소비 대상으로 변질된다. 새로운 사고를 탐험할 여유가 없기 때문에 개인은 각각의 문화부족에서 통념으로 변장한 패션을 전수받을 수밖에 없다. 역설적이게도 포스트모던의 개인주의는 개인을 패션 전파의 매개체로 전락시키고 배움의 기회를 박탈한다. 개인의 기호가 사회적 담론을 대체할 수 있다고 자만한 결과다.

문화부족의 상호 격리 현상은 이미 하나의 삶의 형태로 굳혀지고 있다. 문화적 진단에 대해서는 문화적인 처방만이 유효하다. 이질성의 포용이 문화적 포용으로 뿌리내리기 위해서는 개개인이 각자의 음지를 탐험하고 그곳에 머물러야 할 것이다. 조명이 여기저기 빠르게 흩어지는 사회일수록 이에 부화뇌동하지 않는 머무름의 미덕이 절실히 필요하다.

심심함과 지루함

시선의 머무름은 심심함을 초래한다. **심심함**은 시야에 익숙해졌을 때 느끼는 감정이다. 심심함은 항상 해소되길 원한다. 내가 보고 있는 것과 나 사이의 관계에 더 이상의 변화가 없다고 생각하는 순간 나는 그 관계를 변화시키고 싶어 한다. 그렇기 때문에 심심함은 주체로서 느끼는 감정이다. 심심한 사람은 “뭘 할까?”라고 질문한다. 심심함을 해소하기 위한 변화에 본인 역시 참여하고 주도해야 하는 것이다.

시선의 차원에서 심심함을 해소하는 가장 근본적인 방법은 당연히 시선 돌리기다. 시선을 돌림으로써 익숙지 않은 시야를 확보하고 익숙지 않은 관계를 형성해 나갈 수 있기 때문이다. 그렇기 때문에 자신의 시야가 포괄적이지 않음을 인지하는 자만이 심심할 수 있다. 심심함은 보이지 않는 것에 대한 호기심이기도 하다. 방 안에서 심심한 사람은 방 밖으로 나가고 싶어한다. 시선을 돌리지 않고 심심함을 해소하는 방법으로는 새롭게 뜯어보기가 있다. 로봇을 로봇으로만 보던 아이는 로봇을 분해해서 집을 지을 수 있다는 걸 깨달을 때 더 이상 심심해 하지 않는다. 아이는 상상을 통해서 기존의 관계를 바꾸고 새로운 이해의 기초를 마련한다. 이렇듯 심심함은 탐험과 상상을 자극한다. 그렇기 때문에 심심함은 잠재적 가변성을 지니고 있다. 사람은 심심한 상태일 때 사색의 돌파구를 찾게 될 가능성이 가장 높다. 심심함이 깔려있지 않은 잡담은 담론으로 발전할 수 없다.

심심함과 유사해 보이지만 사실은 전혀 다른 것이 지루함이다. **지루함**은 시야와 아무 관계도 맺고 있지 않을 때 느끼게 된다. 누군가 또는 무언가와 익숙해지기 위해서는 우선 관계를 맺고 그 관계가 어느 정도 발전되어야 한다. 따라서 심심함은 관계를 전제하는 반면 지루함은 무관계를 전제한다. 지루함은 자기 자신을 객체로 인식하기 때문에 느끼게 되며, “무언가 나를 즐겁게 해줄 수 없을까?”라는 수동적인 의문을 수반한다.

카페에서 두 사람이 만나 지루함을 느낀다면 둘은 이미 관계 형성에 관심이 없는 상태다. 각자는 스스로를 대화를 이어나가야 하는 관례에 속박된 객체로 인식하며 상대방에게 흥미로운 이야깃거리를 만들어낼 주체로서의 책임을 떠넘긴다. 반면에 함께 있을 때 심심해 하는 두 사람은 같이 무얼 할 수 있을지를 궁리하게 된다. 자기 자신을 포함해 상대방의 주체성을 인정하기에 가능한 일이다. 심심함은 앞으로 나아갈 동력을 제공하고 지루함은 현재의 환경에 정체되게끔 한다. 심심함은 이동하기 위해 머무를 줄 알고 지루함은 제자리에 고일 뿐이다.

사람이 가장 빠르게 지루해지는 방법은 주변의 모든 것에 자기 자신을 투영하는 것이다. 시야가 나를 비춰주는 거울로 가득 찼을 때 나는 관계를 맺을 능력을 상실한다. 동일자의 지옥이란 곧 관계가 없는 무리를 의미한다. N극과 N극은 자석을 형성하지 못하고 하나의 점으로 겹친다. 마찬가지로 환경을 자신의 기호에 조율시켜 뜯어보는 사람은 주변이 자신의 형상으로 가득 차게 되며, 머무름을 허용하는 공간이 아닌 협소한 점으로 그 존재가 함몰된다.

플라톤의 동굴의 비유에서 아직 바깥을 보지 못한 자들은 지루한 반면 바깥의 존재를 아는 자들은 심심할 것이다. 현대사회의 문화부족들은 각자의 동굴로 파고 들어가 바깥의 존재를 망각한다. 자신과 동일한 패션의 무리만으로 스스로를 둘러싸기 때문에 지루할 수밖에 없다. 카페에서 지루해하는 두 사람처럼 부족원들은 서로에게 주체성의 책임을 떠넘기며 자기 자신은 더미의 가루 한 알로서 안주하고 싶어 한다. 사회적으로 가장 인정받는 큰 가루더미의 일원이 되는 것이 현대인의 희망이라면 지루함은 그 안일한 희망을 현실화하기 위한 대가다.

현대인은 시야의 포괄성에 대해 자만하기 때문에 지루해진다. 모든 데이터가 가시성의 범위 안에 보장되었다고 생각하기 때문에 자신이 볼 수 없는 곳은 존재하지 않는다고 굳게 믿는다. 시선의 겸허함이 없으니 심심함을 느끼지 못하고 심심함을 느끼지 못하니 탐험을 할 수 없다. 현대인은 더 이상 심심해 하지 않는다. 현대사회의 문화는 지루함이 고착되도록 설계되었다.

아이콘택트의 머무름을 되찾기 위해서 개인이 각자의 음지를 찾아나서야 하는 것처럼, 지루함을 심심함으로 바꾸기 위해서도 개인은 역시 그늘을 들여다볼 줄 알아야 한다. 이는 지루함이라는 대가를 치르고 얻었던 동일자의 무리의 안락함을 포기한다는 뜻이다. 지루한 상태에서 심심한 상태로의 변화는 객체에서 주체로의 회복을 의미한다. '그들에게 흡수되어야 생존하는 존재'에서 '그들을 부정하고 이해할 수 있는 존재'로의 탈바꿈이다.

아이콘택트는 심심할 수 있을지언정 지루하지 않다. 마찬가지로 나와 다른 타자와 교류할 때 나는 지루하지 않고 심심하다. 이때의 심심함은 머무름의 감정, 성장을 위한 예열 단계의 감정이다. 심심할 줄 아는 사람이야말로 더 넓게, 그리고 더 깊게 볼 줄 아는 사람이다.

에필로그

"사람은 스테인드글라스 창문과도 같다. 해가 비출 때는 반짝이고 빛나지만, 어둠이 내려앉은 뒤에 그들의 진정한 아름다움은 내면의 빛에 의해서만 드러난다."

《인간의 죽음: 죽음과 임종에 대하여》의 저자로 유명한 정신과 의사 엘리자베스 퀴블러-로스의 말이다. 그녀는 불치병에 대한 완화치료의 일종인 호스피스 프로그램을 확산시키기 위해 수많은 말기 질환자들을 인터뷰하고 이들의 심리적, 정신적 경험을 세간에 알리고자 힘썼다. 죽음의 문턱에 서 있던 사람들과의 관계 속에서 그녀는 어쩌면 인생의 아름다움에 대한 특별한 통찰을 얻었는지도 모른다.

인간이라면 누구나 아름다운 삶을 동경한다. 그리고 그것은 다양한 욕망으로 표출된다. 부와 명예를 아름답다고 하는 이도 있을 것이고, 도덕적 공덕을 미와 동일시하는 이도 있을 것이다.

또 누구는 자기 자신이 아름답기를 바라는 한편, 다른 누구는 주변을 아름답게 하고 싶어한다. 생각할수록 '아름다움'만큼 정의하기 어려운 개념도 없는 것 같다.

적어도 퀴블러-로스는 두 종류의 아름다움을 구분한 듯하다. 하나는 타인의 시선을 위해 준비된 아름다움이다. 진열대의 보석이나 인스타그램의 셀카는 반짝이고 빛나기 위해 조명에 의존한다. 이들은 누군가의 눈에 아름다운 사물로 길들여지고자 한다. 전시된 사물을 바라보는 눈빛이 그 사물의 아름다움을 결정한다. 그렇기 때문에 전시 대상에게 아름다움의 책임은 없다.

진열, 전시되는 아름다움과는 대조적으로 피어나고 가꿔지는 아름다움도 있다. 역경을 딛고 사랑을 이룬 연인이나 서로를 위해 희생하는 전우, 담백하고 따뜻한 위로를 주고받는 가족 등을 보며 우리는 아름답다고 느낀다. 우리가 직접 그 관계에 있다면 그 아름다움은 배가 될 것이다. 그러나 처음부터 빈틈없이 꾸며진 채로 서로의 눈 앞에 나타난 두 사람은 아름다운 만남이 되기 어렵다. 서로와 부딪히고 서로를 채워주는 과정에서 사람과 사람의 만남은 아름다워진다.

그렇기 때문에 이 두 번째 종류의 아름다움은 관계로부터 오는 아름다움이다. 누군가와 관계를 맺는다는 것은 내 마음의 문을 열어 상대방을 들여온다는 뜻이기도 하다. 관계는 곧 아이콘택트를 통해 얻는 우리라는 자유를 의미한다. 눈과 눈의 만남은 불안과 갈등을 안겨주기도 하지만, 서로의 이해와 배움을 도모하고 서로가 서로의 일부가 되도록 해준다. 우리는 마주할 때 서로를 책임지게 된다. 상대방의 예쁘고 현란한 모습, 내 취향에 맞는 면모만을 취사선택해 소비하는 게 아니라, 있는 그대로의 인간 하나를 대한다는 책임이다. 아이콘택트의 시선은 이미 잘 아는 사물을 인식하는 눈빛이 아니라, 앞으로 알아갈 사람을 인정하는 눈빛이다. 참한 사랑과 깊은 우정의 아름다움은 관계를 맺은 내 안으로부터 드러난다. 시선을 위해 준비된 아름다움이 아니라 시선에 의해 피어나는 아름다움이다.

물론 모든 관계가 곱지만은 않다. 인간관계에는 분쟁, 억압, 폭력도 존재한다. 그러나 자신이 안에서부터 아름다워지기를 바라는 이는 타인과의 관계를 두려워해서는 안 된다. 심심한 사람이 새로운 걸 배울 줄 아는 것처럼, 관계를 맺는 사람은 아름다운 삶을 위한 준비를 하는 셈이다.

결국 필자가 이 책을 통해 얘기하고 싶었던 것은 관계의 회복이라는 생각이 든다. 성과주의, 자본주의 사회의 현대인은 즉각적으로 소비하고 값어치와 등수를 매길 수 있는 첫 번째 종류의 아름다움에 집착하기 십상이다. 그리고 디지털 패션과 탈의 조명 중독 사회에서 '아름다움'이란 개인적인 기호를 타인에게 투영하기 위한 핑계거리에 지나지 않게 된다. 자신이 마음대로 정한 프레임 안에 시야의 사람들을 우겨 넣는 행위는 또 하나의 폭력이다. 현대인은 자신이 보고 싶은대로 타인을 볼 수 있기 때문에, 자신이 보고 싶은대로 세상을 봐야한다는 자유의 강박에 구속된다. 그 강박은 '너' 없는 '나'만으로 꽉꽉 채워진 숨막히는 구덩이와도 같다.

관계의 회복이란 비단 사람과의 관계만을 이야기하는 것은 아니다. 가치관, 신념 그리고 진실을 대할 때에도 우리는 진열대 위에 전시된 상품을 보는 눈빛을 버릴 수 있어야 한다. 또한, 관계의 회복이 주변 사람들과 더 화목하게 지내야 한다는 뜻으로 오해돼서는 안 된다. 오히려 관계의 회복은 대립과 갈등을 불가피하게 야기할 것이다. 다만 그 대립은 새로운 담론과 배움, 더 깊은 이해를 꽃피우는 자양분이 될 수 있다. 내가 마냥 모래가루처럼 주물럭거릴 수 없는 음지의 시야도 존재함을 인정하는 겸허함, 나와 다른 패션의 누군가를 '우리' 속의 '너'로 인정하고 품을 줄 아는 책임감, 그럴싸해 보이는 거짓보다는 안개 속의 진실을 고민하는 신중함… 이것들이야말로 오늘날 우리가 가장 잊고 살아가는 삶의 자세가 아닐까 싶다.

박정만 시인의 〈나는 네 눈동자 속에서 살고 싶어〉라는 시가 떠오른다. 문학인에게 표현의 자유가 아직은 흐릿한 소망에 불과했던 1981년, 한수산 필화 사건으로 억울하게 보안사령부에 연행돼 고문을 당하고 이후 그 후유증으로 죽음까지 이르렀던 그는 아마 누구보다도 다름과 다름의 화해를 염원하고 또 진실을 왜곡하는 시선의 폭력 앞에 절망했을 것이다. 오늘날 우리는 80년대 군사독재 정권의 탄압과는 사뭇 다른 형태로 관계의 단절, 진실의 왜곡이라는 포스트모던 현상에 맞닥뜨리고 있다. 박정만 시인이 그러했듯이 우리도 타인의 눈을 통해 스스로를 돌아볼 수 있으면 좋겠다는 바람이다.

> 나는 네 눈동자 속에서 살고 싶어.
> 네 눈이 보는 것을 나도 보고
> 네 눈에 흐르는 눈물로 나도 흐르고 싶어.
> 어쩌다 웃고도 싶어.
> 밤이면 네 눈 속에 뜨는 별처럼
> 나도 네 눈 속에서 별로 뜨고 싶어.
>
> …
>
> 나는 끝끝내 네 눈동자 속에서 살고 싶어.

미주

1. Aristotle, *The Works of Aristotle: De Anima*(J. A. Smith 역), *Metaphysica* 8, Oxford: Clarendon Press, 1908, 427a20-427b7.

2. Wittgenstein, L., & Anscombe, G. E., *Philosophical Investigations*, Malden: Blackwell, 2008, pp. 204 이하.

3. Aristotle, *Politics*(Ernest Barker역), Oxford: Oxford Univeristy Press, 1995, 1253a2.

4. 같은 책, 1253a18.

5. Hegel, G., *Phenomenology of Spirit*, Oxford: Oxford University Press, 1977, pp. 111-112.

6. Nietzsche, F., *Beyond Good and Evil*, Dover Publications, 1998, p. 107.

7. Heidegger, M., Macuarrie, J., & Robinson, E., *Being and Time*, Malden: Blackwell, 2013, p. 180.

8. Heidegger, p. 181.

9. Heidegger, p. 174.

10. Ekman, P., "Universal Facial Expressions of Emotion", *California Mental Health Research Digest* 8 no. 4, 1970, pp. 151-154.

11. Franz Kafka, *Briefe an Milena*(W. Haas 편), Frankfurt a. M., 1983, p. 302.

12. Austin, J. L., *How to do things with words*, London: Oxford University Press, 1962.

13. "An angry, emotional Kavanaugh accuses Democrats of 'search and destroy'", NBC News, last modified Sept 28, 2018, accessed Jun 11, 2021, https:// ://www.nbcnews.com/politics/congress/christine-blasey-ford-tells-senate-memories-brett-kavanaugh-assault-have-n913531.

14. 대한성서공회, 성서 개역개정판(4판), 서울: 아가페출판사, 2016, 마태 5:27-30.

15. Sartre, J., *Being and Nothingness*, New York: Washington Square Press, 1984, pp. 101 이하.

16. Berkeley, G., *A Treatise Concerning the Principles of Human Knowledge*, Oxford: Oxford University Press, 1998, p. 110 이하.

17. Herodotus, *Histories*(Macaulay, G. C. 역), New York: Barnes & Nobles Books, 1890, i. 8-12.

18. 같은 책, i. 8.

19. 한병철, *피로사회*(김태환 역), 서울: 문학과지성사, 2012, p. 12.

20. Bloom, P., *Against Empathy: The Case for Rational Compassion*, London: Vintage, 2016, p. 32.

21. 같은 책, p. 32.

22. Fara, D. G., "Shifting Sands", *Philosophical Topics* 28 no. 1, Fayetteville: The University of Arkansas Press, 2000, p. 47.

23. 같은 논문, p. 77.

24. Cavell, S., *Must We Mean What We Say?*, Cambridge: Cambridge University Press, 2002, p. 189.

25. 같은 책, p. 198.

26. Wittgenstein, L., & Anscombe, G. E., *Philosophical Investigations*, Malden: Blackwell, 2008, p. 11.

27. Wittgenstein, L., *The Blue and Brown Books*, Oxford: Basil Blackwell, 1958, p. 93.

28. Cavell, S., *The Claim of Reason: Wittgenstein, Skepticism, Morality, and Tragedy*, New York: Oxford University Press, 2009, p. 32.

29. Laugier, S., *Why We Need Ordinary Language Philosophy*, Chicago:

University of Chicago Press, 2013, p. 83.

30. Stanley, J., *How Propaganda Works*, Princeton: Princeton University Press, 2015, p. 55.

31. "Stewart to Hold 'Rally to Restore Sanity' Oct. 30, Colbert Plans 'March to Keep Fear Alive'", *ABC News*, last modified Sep 18, 2010, accessed Jun 11, 2021, https://abcnews.go.com/Politics/jon-stewart-hold-rally-restore-sanity-stephen-colbert/story?id=11663399.

32. Hegel, p. 61.

33. Wordsworth, W., "The Tables turned" in *Lyrical Ballads*, San Francisco: Blurb, 2019.

34. Wittgenstein, L., & Anscombe, G. E., *Philosophical Investigations*, Malden: Blackwell, 2008.

35. Rawls, J., A *Theory of Justice*, Delhi: Universal Law Publishing Co Ltd., 2013.

36. Nietzsche, F., On the Genealogy of Morals, Oxford: Oxford University Press, 1996, pp. 22 이하.

37. *The Social Dilemma*. Directed by Jeff Orlowski, Boulder: Exposure Labs, 2020.

38. Putnam, H., "The Meaning of 'Meaning'", *Minnesota Studies in the Philosophy of Science* 7, Minneapolis: University of Minnesota Press, 1975, p. 144.

39. Stern, D. G., *Wittgenstein's Philosophical Investigations: an Introduction*, Cambridge: Cambridge University Press, 2010, p. 138.

40. Putnam, pp. 139-141.

41. Putnam, pp. 143-144.

42. Putnam, p. 144.

43. Austin, J. L., "Other Minds", in *Philosophical Papers*(Urmson, J. & Warnock,

G. 편), London: Oxford University Press, 1976, pp. 77-78.

44. Schelling, F., *Philosophical Investigations into the Essence of Human Freedom*, New York: State University of New York Press, 2006, p. 29.

45. Kant, I., *Critique of the Power of Judgment*, Cambridge: Cambridge University Press, 2000, p. 271.

46. Schelling, p. 28.

관계의 단절과 진실을 왜곡하는
초연결 시대의 역설

시선 과잉 사회

초판 1쇄 인쇄 | 2022년 5월 10일
초판 1쇄 발행 | 2022년 5월 23일

지은이 | 정인규
펴낸이 | 전준석
펴낸곳 | 시크릿하우스
주소 | 서울특별시 마포구 독막로3길 51, 402호
대표전화 | 02－6339－0117
팩스 | 02－304－9122
이메일 | secret@jstone.biz
블로그 | blog.naver.com/jstone2018
페이스북 | @secrethouse2018
인스타그램 | @secrethouse_book
출판등록 | 2018년 10월 1일 제2019－000001호

ISBN 979-11-92312-08-8 03100